TAXES

DES

PARTIES CASUELLES

DE LA BOUTIQUE DU PAPE.

Est-il quelque serment dont Rome ne dégage ?

M. Lebrun, *Marie Stuart.*

Meliùs est ut scandalum oriatur quam ut veritas taceatur.

S. Gregorius.

La vérité ! dût-il en résulter du scandale.

Cet Ouvrage se trouve également

Chez
- L'Auteur, rue des Trois-Bornes, n° 39 ;
- Ponthieu, Libraire, au Palais-Royal, Galeries de bois, n° 201 ;
- Aimé-André, quai des Augustins, n° 59 ;
- Delaunay, au Palais-Royal ;
- Pélicier, *ibidem* ;
- Ladvocat, *ibidem* ;
- Corréard, *ibidem*.

TAXES

DES PARTIES CASUELLES

DE LA BOUTIQUE DU PAPE,

Rédigées par Jean XXII, et publiées par Léon X,

Selon lesquelles on absout, argent comptant, les assassins, les parricides, les empoisonneurs, les hérétiques, les adultères, les incestueux, etc.

AVEC LA FLEUR DES CAS DE CONSCIENCE

DÉCIDÉS PAR LES JÉSUITES,

Un faisceau d'anecdotes *y relatives*, des commentaires aux Taxes, des Pièces antidotiques, composées par les Jésuites de Picardie, et le texte latin du Tarif;

PUBLIÉ

PAR M. JULIEN DE SAINT-ACHEUL.

PARIS,

CHEZ LES LIBRAIRES DE THÉOLOGIE.

1820.

AVERTISSEMENT.

———

L'OUVRAGE que nous publions n'est pas tout-à-fait notre ouvrage. Ce n'est qu'une nouvelle édition des Taxes papales, avec un choix de décisions des Jésuites sur les Cas de conscience, et un recueil de diverses pièces relatives aux Parties casuelles.

Quelques personnes, d'un esprit prompt à s'alarmer, et quelques dévots de mauvaise foi, se récrieront peut-être contre le scandale de ce livre. Mais nous sommes purs de ce scandale : notre intention n'offense en rien la sainteté de la religion chrétienne; et pour peu que l'on parcoure cet ouvrage, on reconnaîtra aisément que nous ne citons qu'avec la vénération la plus profonde les maximes de l'Homme-Dieu et la doctrine des Apôtres.

Mais tout en respectant l'Évangile de Jésus-Christ et les livres sacrés, nous nous sommes crus dispensés d'étendre la même soumission à la morale des hommes qui n'ont eu que leur intérêt pour guide. Les *Taxes* sont pour le Saint-Siége une tache si grande, que nous ne pouvions rien dire qui déshonorât les Papes, autant qu'ils ont été flétris par la honte même qui s'est attachée à ce livre. Nous n'avons combattu cette œuvre d'iniquité que par l'Évangile, les maximes des Apôtres, les écrits des Saints-Pères, et les décisions des Conciles.

En exposant de nouveau au grand jour les turpitudes de la cour de Rome, il fallait aussi faire connaître la honte des Jésuites. Nous avons pris, avec réserve, ce qu'on pouvait transcrire de leurs livres, sans révolter tous les cœurs honnêtes ; et ces Cas de conscience, aussi-bien que les Taxes apostoliques, sont si horribles qu'ils exciteront sans doute chez nos lecteurs l'indignation qu'ils nous ont inspirée.

Quant aux variétés qui suivent, si l'on y trouve des choses trop choquantes, nous supplions qu'on veuille bien comparer ce que nous avons rassemblé avec les originaux ; on verra que, sans rien changer au reste du texte, nous avons adouci ou supprimé une foule d'expressions et de passages qui révolteraient des esprits comme les nôtres ; car notre siècle ne soupçonne pas toutes les horreurs qui souillèrent les siècles anciens ; et le seizième seul, s'il était connu, nous semblerait un roman aussi monstrueux qu'incroyable.

Nous répétons, en finissant, que notre respect pour la religion chrétienne, et pour les dogmes tout divins de l'Évangile, est égal au dégoût que nous ont donné les actions et la morale de *certains* Papes et de *certains* Jésuites, qui pouvaient bien être catholiques, mais qui à coup sûr n'étaient pas chrétiens.

Et si quelqu'un nous reproche d'avoir donné cette nouvelle édition des Taxes, nous lui répondrons : — La honte de ce livre n'est point à nous. Que le scandale en retombe sur ses abominables auteurs, qui ont tout fait pour anéantir la religion de Jésus-Christ.

INTRODUCTION.

Si les prétentions de la cour de Rome ont causé tant de scandale dans ce siècle même, c'est que le Saint-Siége a toujours plus recherché l'argent que le salut des fidèles : l'ouvrage que nous publions en est la preuve irrécusable.

De tout temps, Rome n'a songé qu'à s'enrichir. Horace nous apprend que Rome païenne plaçait la vertu après les richesses. Rome chrétienne n'a rien perdu de son ancienne avidité; et ce qu'il y a ici de plus remarquable, c'est qu'elle s'efforce d'insinuer qu'elle fait ces exactions pour la plus grande gloire de Dieu, *ad majorem Dei gloriam.*

Alvare Pélage, défenseur de Jean XXII contre Occham, dépeint en ces termes l'avarice de la cour de Rome, dans son livre *de la Désolation de l'Église :* « Personne n'a audience du » Pape sans payer à la porte; et les pauvres » ne peuvent paraître devant lui, parce qu'ils » n'ont rien à donner... Que diront à cela nos » seigneurs les cardinaux, qui ont toujours » les mains ouvertes pour prendre, et qui ne

» disent jamais : *c'est assez?*... Les prélats
» d'aujourd'hui ne sont plus des pasteurs qui
» cherchent à gagner les âmes, mais des mer-
» cenaires qui ne demandent que de l'argent.
» C'est pourquoi ils abandonnent leurs églises ;
» ils ne veulent de leurs brebis que la laine ,
» le lait et la chair... Ils font payer la célé-
» bration des saints mystères ; ils vendent le
» corps de Jésus-Christ ; ils trafiquent des sacre-
» mens ; ils ne donnent rien pour rien. Mais ils
» ne peuvent vendre la grâce ; car on ne dis-
» pose point de ce que l'on n'a pas... »

Le même auteur ajoute que, malgré l'indignation générale, le plomb des bulles continue à se vendre au poids de l'or. « Je ne suis
» jamais entré, dit-il, chez le camérier du
» Pape , sans voir des tables couvertes de
» ducats, et des ecclésiastiques faisant la ban-
» que... » Alvare Pélage ne peut être soupçonné d'exagération ; car le moine Langius
rapporte que Jean XXII laissa en mourant
vingt-cinq millions d'or (1)... Tous les souverains de l'Europe n'auraient pu alors en ras-
sembler autant.

Le célèbre théologien Claude d'Espence

____

(1) *Langius, Chronica Citizensii, ad annum* 1334.

ne cacha pas non plus l'indignation que lui inspirait la honteuse avarice du Saint-Siége. « Quand on ne vise qu'à l'argent, dit-il, tout » devient permis. Il n'y a point de forfaits » dont on ne soit dispensé à Rome aussitôt » qu'on a compté de l'argent, comme si le » plus grand crime était d'être gueux... Quelle » infamie ! ajoute-t-il ; ils permettent aux » prêtres d'avoir des concubines, et de vivre » avec des femmes dont ils ont des enfans, » moyennant un tribut annuel !... Et même, » en certains lieux, il faut que les prêtres » chastes payent le même tribut que ceux qui » entretiennent des concubines !... On pour- » rait dire que ces reproches sont inventés » pour rendre le Pape odieux, si la chose n'é- » tait publique et connue de tous. »

. Saint-Bernard, le bon ami des Papes, leur reproche également la simonie et l'avarice.

Si nous citions les Huguenots, on pourrait nous accuser de partialité ; mais les Papes eux-mêmes n'ont pas fait mystère des turpitudes de la cour de Rome. Mathieu Pâris rapporte une lettre du Pape Honorius III, où l'on trouve ces paroles : « L'amour de l'or a été de tout » temps le scandale et l'opprobre du Saint- » Siége ; celui qui n'a point d'argent à donner,

» point de présens à faire, n'obtient rien de
» Rome... »

Enéas Sylvius, Pape sous le nom de Pie II,
s'exprime de même : « La cour de Rome ac-
» corde tout à l'argent, dit-il ; elle vend le
» Saint-Esprit, les ordres sacrés, les sacremens ;
» elle pardonne tous les crimes à ceux qui ont
» de quoi en payer l'absolution. » Il ajoute ce
conseil assez sage : « conserve ton or pour un
» autre usage que celui d'acheter des par-
» dons. »

Les écrivains les plus froids se sont échauffés
sur ces matières. Conrad, abbé d'Usperg,
paraît inspiré lorsqu'il tombe sur les effroyables
désordres du siége apostolique. « Réjouis-toi,
» ô Vatican! dit-il, les trésors te sont ouverts ;
» tu peux y puiser à ton aise. Prends plaisir aux
» crimes des enfans des hommes, tu y trouves
» ton profit ; tes richesses sont fondées sur
» leurs dérèglemens et leurs iniquités ; sème
» parmi eux la discorde puisqu'elle t'amène
» des monceaux d'or.

» Réjouis-toi, chante des cantiques d'allé-
» gresse ; le genre-humain se soumet à tes
» lois. Ce n'est ni la religion ni la piété, mais
» les penchans infâmes et la dépravation du
» cœur qui l'ont amené dans tes filets. Il sait

» qu'en te servant il peut commettre tous les
» crimes; il en aura l'absolution pour un
» peu d'or; qu'il t'apporte de l'or, tu lui
» ouvriras les cieux. Que dis-je? tu lui vendras
» Jésus-Christ même..... »

Un prieur de Carmes, Baptiste de Mantoue, a osé tenir le même langage : « Tout se
» vend à Rome, dit-il, temples, prêtres,
» autels, sacrifices, encens, prières, le ciel
» et Dieu lui-même!... »

Que dirons-nous de plus? Rome flétrit tout
ce qu'elle touche, elle vend tout ce qu'on lui
demande. Le pauvre, lorsqu'il meurt, est
abandonné; il ne participe point aux prières
de l'Eglise; et le prêtre qui n'est pas payé
aime mieux ne point s'approcher de l'autel,
que de dire des messes pour ceux qui n'ont
rien laissé.

On aurait cru que, dans des siècles éclairés,
la cour de Rome aurait supprimé ces taxes,
qu'elles a mises sur les crimes, sur les permissions et sur les choses saintes : elle ne l'a
point fait. Et si, de toutes les horreurs qu'on
verra dans ce livre, quelques-unes sont oubliées,
à cause du scandale qu'elles ont trop longtemps entretenu; si l'on n'a pas conservé ouvertement le prix de l'adultère, du viol, de l'in-

ceste , de la sodomie, du parricide, etc. , etc. ,
peut-être subsiste-t-il en secret, comme nous
espérons le montrer plus tard. Du moins la
plupart des dispenses, les sacremens, le pardon de certains crimes s'achètent encore argent
comptant : on ne ferait point gras en carême,
on n'épouserait pas une cousine, on ne saurait
être enterré, un protestant ne se marierait pas
avec une catholique, etc. , sans verser des
sommes d'argent dans la caisse du Pape.

Ce qui nous a décidés à publier cet ouvrage,
c'est d'abord sa singularité ; c'est que ceux qui
l'ont fait et ceux qui le suivent se vantent de
ne travailler que pour Dieu; c'est qu'il faut
montrer ce que veut le Saint-Siége, dans un
moment où il nous propose un concordat qui
a révolté tous les cœurs honnêtes ; c'est qu'enfin les taxes de la chancellerie romaine sont
devenues un ouvrage si rare , qu'on ne peut
plus se le procurer.

Cet ouvrage a eu cependant plusieurs éditions ; mais les ultramontains l'ont toujours
acheté avec empressement, pour détruire ce
monument de leur opprobre.

Prosper Marchand dit (1) que ces taxes sont

____

(1) Remarques sur les Lettres de Bayle.

dues au Pape Jean XXII, qui vivait au commencement du quatorzième siècle. Polydore Virgile est du même avis : « Ce fut, dit-il (1),
» le Pape Jean XXII qui institua les taxes
» de la sainte pénitencerie, par lesquelles le
» Saint-Siége se fait des revenus sur les béné-
» fices, sur les absolutions et sur toutes sortes
» de matières. » Le cardinal d'Ossat reproche également à Jean XXII l'invention des taxes et l'établissement des annates.

L'anonyme qui a publié le *Tableau des Papes de Rome*, pour bien juger de la constitution de *Clément XI*, attribue les taxes à Léon X ; mais ce qui a égaré cet écrivain, c'est que ces taxes n'ont été publiées que sous le pontificat de Léon X ; car il suffisait de parcourir l'histoire ecclésiastique pour voir que ses prédécesseurs en faisaient usage.

Il est probable aussi que Léon X y fit plusieurs augmentations ; car on lit dans plusieurs éditions, à l'appendix du titre XIV : « Le livre
» du Pape Jean XXII ne fait pas toutes ces
» distinctions ; il parle toujours en général. »

Parlons maintenant des éditions.

La première, comme nous venons de le

---

(1) *De Inventoribus rerum.*

dire, a été faite à Rome, par l'ordre de Léon X,
in Campo Floræ, MDXIIII, die XVIII No-
vembris.

Eu 1515, on en fit une à Cologne; et en 1520,
une à Paris, avec privilége du Roi. C'est sur
cette édition que le docteur Claude d'Espence
a dit : « On voit ici (à Paris) un livre im-
» primé, qui se vend publiquement, intitulé :
» *Taxes de la chancellerie apostolique,* dans
» lequel on peut apprendre plus d'énormités et
» plus de crimes que dans les livres les plus in-
» fâmes. De ces crimes, il y en a quelques-uns
» que l'on permet de commettre, moyennant
» certaines sommes d'argent. On y vend l'ab-
» solution de tous les forfaits et des plus mons-
» trueux dérèglemens ; je n'oserais en citer les
» paroles. Rome n'aura donc jamais de
» pudeur ! »

Pétrarque, Langius, et une foule de savans
théologiens, ont trouvé dans ce livre les mêmes
sujets d'indignation ; ce qui n'empêcha pas,
pendant long-temps, de le réimprimer et de le
vendre. Enfin, ces taxes excitèrent de si hautes
clameurs, tant de la part des réformés que de
la part des catholiques, qu'on les mit à *l'index,*
mais pour la forme seulement, puisque l'on
continua d'en faire usage. « Il ne faut espérer,

» dit le savant Burnet, aucun changement
» dans une cour qui tient son infaillibilité pour
» la base de toute sa conduite. »

On fit une nouvelle édition des taxes à Cologne, 1523 ; une à Paris, 1533 ; une à Wurtemberg, 1538 ; une à Paris, 1545. Celle d'Antoine Dupinet est de 1564.

On retrouve les taxes dans le quinzième tome du *Tractatus tractatuum, seu oceanus universi juris*, imprimé à Venise en 1584, par ordre du Pape Grégoire XIII. Il y en eut une autre édition à Paris en 1625 ; une autre en 1651 ; plusieurs autres encore : et cependant il est presqu'impossible de se procurer ce livre.

Nous avons suivi la réimpression de Dupinet, Leyde, 1610, comme la plus claire et la plus commode ; mais nous l'avons comparée avec plusieurs autres éditions pour rétablir les passages omis. Dans l'original des taxes, il n'est parlé que de *gros* ; dans Dupinet, que de *ducats* et de *carlins* : nous avons donné les prix en livres, sous et deniers, pour ne pas fatiguer le lecteur.

Il nous reste à parler des officiers du Pape. Nous tirerons ces détails du fameux *Tableau de la cour de Rome*, publié par Jean Aymon, prélat domestique du Pape Innocent XI, et depuis ministre pensionné de leurs hautes puissances les États-Généraux des Provinces-unies. *Lahaye*, 1707.

Le *chancelier* répond à tous les doutes qui touchent la foi, et toujours au nom du Pape, son vice-Dieu terrestre. Cette charge est vénale ; elle coûte cent mille écus ; mais elle rapporte des sommes énormes.

Pour se donner plus d'importance, les chanceliers du Pape ont pris quelquefois la peine de déifier leur idole. On lit, dans un rescrit de Nicolas III, « qu'il est évident que » le pontife romain ne peut être jugé par » personne, parce qu'il est *Dieu*.... » Les décrétales nous apprennent aussi qu'il y a autant de différence entre les papes et les rois qu'entre le soleil et la lune.... ; et cependant le Pape prend l'humble titre de *serviteur des serviteurs de Dieu*.....

Le *régent de la chancellerie* porte les diverses causes d'appel aux référendaires et aux auditeurs de la rote. Il y a douze prélats référendaires, qu'on appelle les *abréviateurs du grand parquet*. Ils dressent les bulles et les collationnent. Elles sont ensuite envoyées aux *abréviateurs du petit parquet*, qui les taxent. On suit rarement les tarifs, parce que les greffiers du Pape trouvent toujours, dans quelque incident, le motif d'un impôt arbitraire, pour lequel il faut composer.

Il y a ordinairement vingt-quatre *secrétaires des brefs*. Comme cette charge se vend neuf mille écus, quoiqu'elle soit à vie, et qu'elle rapporte beaucoup, on permet encore à ceux qui l'achètent de taxer à leur volonté les brefs qu'ils expédient, pour rembourser leur capital; et Dieu sait comment ils usent de cette licence ! Plusieurs dispenses se vendent au poids de l'or. Nous pourrions nommer un négociant de la religion réformée qui sollicite, en cette année 1820, auprès de la cour de Rome, les dispenses nécessaires pour faire bénir son mariage avec une femme catholique par un prêtre de cette communion, et à qui on demande 20,000 fr.... pour une feuille de parchemin..... Et pourtant on lit, en lettres majuscules, sur le parchemin des brefs, qu'on les expédie pour l'amour de Dieu, *gratis pro Deo....*

Ces mêmes secrétaires des brefs taxés tirent les âmes du purgatoire moyennant argent. Ils obtiennent du Pape des lettres de grâce pour les criminels de lèze-majesté divine; ils lui font signer le passeport de ceux qu'on veut retirer des faubourgs de l'enfer ; et les parens paient une grosse somme à la caisse apostolique, avec les dix pour cent aux secrétaires.

Le crime s'environne de ténèbres. Mais comme, suivant les paroles de l'Evangile, il n'y a rien qui puisse toujours rester caché, on a su enfin ce que c'était que la charge des *secrétaires des brefs secrets*. Ces brefs contiennent des priviléges ou des dispenses de faveur que le Pape n'oserait accorder ouvertement. Ainsi, avec un de ces brefs, on peut contracter un mariage secret, quoique engagé dans un premier mariage qui est public ; on peut tuer, par le fer ou le poison, un prince excommunié, se révolter contre lui, envahir ses états, anéantir une constitution qui déplaît au Saint-Siége, détruire les chartes, renverser les lois établies, choisir certaines classes de moines pour courir le pays, sous le nom de missionnaires, et s'apprêter aux révolutions qu'on médite. On peut encore, avec un de ces brefs, prendre le turban, jouer le rôle de Turc, espionner les infidèles, et faire des intrigues politiques que l'honneur ne permet pas. Le bref par lequel le cardinal de Lorraine avait rémission des crimes de sodomie et de meurtre, pour lui et plusieurs personnes de sa suite, était un bref secret. Ces brefs sont appelés *secrets* parce que les minutes n'en sont vues de personne, ni signées par le cardinal *préfet des brefs*, mais conservées dans un cabinet particulier du château Saint-Ange.

Le préfet des brefs taxés est un cardinal. Ces brefs se donnent publiquement aux estropiés, bossus, borgnes, boiteux, manchots, qui veulent dire la messe, aux ecclésiastiques concubinaires, aux moines bâtards, à ceux qui battent les ecclésiastiques, aux sorciers, aux sacriléges, aux homicides, aux adultères, aux voleurs de grands chemins, et généralement à tous les scélérats qui ont de l'argent pour acheter des absolutions, à tous ceux qui ont besoin de quelque dispense.

Si l'on est étonné de voir les crimes pardonnés à prix d'argent, on n'est pas moins surpris de cet usage que suit la cour de Rome, d'expédier des brefs taxés pour les bonnes œuvres. On peut réciter les psaumes de vêpres avant ceux des matines, dire la messe sur des autels portatifs, élever des églises, y transporter des reliques; mais pour tout cela et mille choses semblables, il faut un bref taxé.

Avec ces brefs, les Juifs peuvent faire le

trafic, exercer la médecine, ériger des synagogues. Avec ces brefs, on convertit les églises
en boutiques de marchands ; ou, selon l'expression de Jésus-Christ, on fait de la maison
de Dieu une caverne de voleurs. Avec ces brefs,
on profane, on bénit, on se met au-dessus
des lois, on fait la contrebande, on trahit
les intérêts de sa patrie ; mais on sert les
intérêts du Pape, qui fait toujours bien payer
ses parchemins......

Le *préfet de la signature de grâce* est un
cardinal. Il assiste, à la tête de tous les prélats, à la signature des lettres de grâce, que
le Pape veut bien accorder quelquefois aux
bandits qui n'ont pas de quoi payer les taxes.
Il signe les suppliques et les requêtes que l'on
présente au grand-conseil.

Lorsqu'on appelle d'une cause mal jugée,
il faut s'adresser au *préfet de la signature de
justice*, qui nomme d'autres juges. Les décrets
de cet officier, qui est encore un cardinal,
sont expédiés par le *préfet des minutes* et le
maître des brefs. Il fait rendre bonne justice,
mais avec de grandes lenteurs.

Le collége des *prélats référendaires* n'est
pas limité : c'est un titre d'honneur que
d'en faire partie ; il faut être instruit pour y

entrer ; mais avec des protections on n'a besoin, comme par-tout ailleurs, d'aucune autre qualité.

Les douze plus anciens référendaires ont voix délibérative. Les autres ne font que rapporter les causes, sans pouvoir dire leur avis. Tous les procès passent par les mains de ces ecclésiastiques, qui s'occupent beaucoup des choses de la terre et peu des choses du du ciel.

Le *dataire* était autrefois le même que le chancelier. Aujourd'hui, le dataire est un prélat particulièrement chargé de recevoir les requêtes pour l'obtention des bénéfices et des dispenses.

Le *préfet des compositions* taxe arbitrairement les requêtes et les suppliques présentées en cour de Rome. Car, pour qu'une demande soit reçue, il faut d'abord payer ; on passe ensuite entre les mains des *reviseurs*, qui sont au nombre de quatre ; puis en celles des *régistrateurs*, qui sont au nombre de vingt ; et quand la supplique est enregistrée, elle retourne au dataire, qui la *date* et la remet à un maître des *dépêches*, lequel la porte à *l'expéditionnaire*, etc.

Outre les officiers dont nous venons de

parler, et les *écrivains* ou *greffiers apostoliques*, on trouve encore à la cour de **Rome** une foule de corsaires, parmi lesquels on peut remarquer cent *cubiculaires apostoliques*, cent *écuyers apostoliques*, cent *chevaliers de Saint-Pierre*, cent *chevaliers de Saint-Paul*, cent *chevaliers du Lys*, cent *chevaliers Lorettins*, cent *Janissaires*, les *maîtres des registres*, les *collationnateurs*, les *sommistes*, qui attachent le sceau de plomb aux bulles, etc.

Le conseil des finances s'appelle à Rome la *chambre apostolique*, quoique les apôtres n'aient pas été financiers. Il y a un *trésorier-général*, des *auditeurs*, des *juges*, des *maîtres des comptes*, des *contrôleurs*, des *commissaires*, des *procureurs-fiscaux*, etc., etc., etc.

C'est sur la piété des fidèles que toutes ces bandes de Vampires fondent leur fortune. Les biens donnés aux églises ne suffisaient pas pour mettre tant de gens dans l'opulence. Il a fallu les confiscations, les annates, les indulgences, les dispenses, les taxes de toute espèce (1); et nous

-----

(1) Les seules *taxes* proprement dites des cathédrales de France rapportèrent au Pape, en 1522, une somme de 697,750 francs, somme énorme pour le temps.

le répétons, on ne peut espérer de réforme dans une cour qui se dit infaillible, et qui conséquemment ne peut s'être trompée.

Les taxes subsistent donc encore. On ne pourra nous faire un reproche de les publier à la portée de tous les lecteurs. Nous sommes dans un siècle où l'on aime à juger, à connaître ses maîtres.

A la suite des taxes des parties casuelles, nous avons extrait un choix des décisions des jésuites sur les *cas de conscience*. Ces choses se tiennent évidemment. Un homicide verra dans les cas de conscience *s'il est coupable*; et s'il l'est, il trouvera dans les taxes le moyen de se purger.

Les anecdotes qui viennent après achèveront le tableau que nous voulons donner du Saint-Siége; et comme il faut travailler pour tout le monde, nous offrons aux ultramontains les *pièces antidotiques*, qui terminent le volume : elles ont été composées par des pères de la compagnie de Jésus ; elles pourront donner de longues délectations aux amis des jésuites.

PRÉFACE DES TAXES.

Observez surtout que ces fa-
veurs et dispenses ne s'accordent
point aux pauvres, parce qu'ils
n'ont point d'argent, et qu'ils ne
peuvent être consolés.

*Et nota diligenter quod hu-
jusmodi gratiæ et dispensationes non conceduntur pauperibus, quia non sunt, ideò non
possunt consolari......* (Taxarum
Cancellariæ apostolicæ, Parisiis,
1545, fol 130.)

TAXES

DES PARTIES CASUELLES

DE LA BOUTIQUE DU PAPE.

CHAPITRE PREMIER.

Des Unions conjugales.

1°. Ceux qui se marient au quatrième degré paient la dispense de 19 liv. 18 s. 6 d., s'ils ne veulent pas être en état de péché.

2°. Ceux qui auront paillardé, étant parens au quatrième degré et le sachant bien, se relèveront de leur faute moyennant la taxe de 58 liv. 2 s.

3°. Pour la légitimation des enfans qui naîtraient d'une conjonction illicite, au quatrième degré, 23 liv. 10 s. 6 d.

4°. Ceux qui auront paillardé, étant parens au quatrième degré et ne le sachant pas, ne paieront que 23 liv. 10 s. 6 d.

5°. Ceux qui ont sciemment contracté mariage au quatrième degré paieront, si le mariage n'est pas consommé, 23 liv. 10 s. 6 d. Mais s'il est consommé, il faut composer avec le dataire.....

6°. Pour la légitimation des enfans nés avant un divorce, prononcé à la requête des deux époux séparés, 23 liv. 10 s. 6 d.

7°. Pour un mariage au troisième degré, on paiera la dispense de 47 liv. 3 s. 6 d.—Outre ce, il faudra composer avec le dataire de la chancellerie.

8°. Pour le second degré, on ne peut obtenir dispense que de *monseigneur le Pape*, ou du grand pénitencier, si le Siége est vacant : la taxe est de 178 liv. 14 s.

9°. La dispense, au premier degré, ne s'accorde qu'avec peine et en pure conscience, moyennant toutefois 106 liv. 1 s. 6 d.

10°. Pour le divorce simple, on paye à la chancellerie, ou boutique du Pape, 19 liv. 18 s. 6 d.

ANNOTATIONS ET COMMENTAIRES.

—Le premier degré d'affinité est , suivant les canonistes, celui du beau-frère à la belle-sœur : on s'est opposé à ces mariages , qui étaient permis autrefois.

Le second degré regarde les cousins-germains, qui peuvent se marier, selon le droit civil, et qui ne le peuvent sans payer, suivant le droit canon.

Le troisième degré est celui des issus de germains. Plusieurs conciles ont permis ces mariages ; mais, selon cette règle de la chancellerie apostolique, *argent*, *argent*, on a même imposé la taxe aux époux parens au quatrième degré...

— On a dû remarquer, dans l'article 6, qui concerne la légitimation des enfans nés avant le divorce, une étrange confusion de tout principe de justice. Vouloir que des enfans légitimes paient pour être reconnus tels, n'est-ce pas dire qu'on cherche à faire argent de tout ?...

— On a vu aussi, dans l'article 1er, que ceux qui se marient au quatrième degré sont taxés à 19 liv. 18 s. 6 d. ; et dans l'article 5, que ceux qui n'ont pas consommé ce mariage paient 23 liv. 10 s. 6 d. Il est très-singulier qu'on taxe davantage ces derniers, précisément parce qu'ils n'ont pas consommé leur mariage... Mais s'ils l'ont consommé, il faut composer avec le dataire..... Quel chaos !

— Pour l'article 2, qui défend de paillarder au quatrième degré, la boutique apostolique est très-exigeante. Le concile de Trente le fut moins, puisqu'il borna l'affinité qui se contracte avec les filles publiques, aux frères, beaux-frères et cousins-germains.

— L'article 3, qui regarde la légitimation des enfans naturels, est important, puisque les Papes n'accordent les dignités de l'Église qu'aux bâtards légitimés par leur autorité.

— Le concile de Latran s'occupa long-temps des degrés de parenté qu'il fallait observer pour les mariages. Enfin, après de savans débats, le concile ordonna que les cousins au quatrième degré ne se pourraient marier ensemble, pour cette raison, tout-à-fait péremptoire, que le corps humain étant composé des quatre humeurs ou élémens, le nombre quatre est un nombre sous lequel le mariage serait vicieux et contre nature... C'est avec cette doctrine lumineuse que les Papes ont levé des tributs immenses pour leur table et leur lit... Mais Dieu leur fasse paix : ils sont devenus plus modestes.

Jésus-Christ avait défendu le divorce dans tous les cas, hors celui de l'adultère seulement. Les Papes l'ont admis pour tout motif, comme ils ont tout permis, moyennant argent.

CHAPITRE II.

De la Parenté spirituelle et de la Chasteté.

1°. UN homme qui épousera la fille de son compère paiera la taxe de 50 liv. 3 s. 6 d. Si le compérage est double, la taxe sera de 104 liv. 9 s. 6 d.

2°. Un compère qui épousera sa commère n'obtiendra sa dispense que de monseigneur le Pape, et si le Siége est vacant, de monseigneur le grand-pénitencier : la taxe sera de 177 liv. 10 s.

3°. Celui qui a commis un adultère, qui a tué le mari dont il a séduit la femme, qui veut ensuite épouser cette femme, ne peut obtenir de dispense pour un pareil mariage. Mais si le mariage est fait, et que la chose soit secrète, on l'absoudra en conscience, moyennant 131 liv. 14 s. 6 d.

4°. Si un homme a tué sa femme (pourvu que ce ne soit pas dans l'intention d'en épouser une autre avec qui il ait commis adultère), cet homme peut se remarier et être absous pour la somme de 33 liv. 13 s.

5° Si un homme engagé dans les liens d'un premier mariage épouse une seconde femme, il est tenu, après la mort de la première, de prendre la seconde, à moins que celle-ci ne s'y refuse. L'absolution de cette bigamie se paye 35 liv. 5 s.

6°. Après plusieurs années d'absence, si un homme s'imagine que sa femme est morte, qu'il en épouse une autre, et qu'il soit exact à faire son office d'époux toutes les fois que la femme qu'il a prise le lui demande, cet homme n'est point en état de péché. Mais si la première femme reparaît, il doit quitter la seconde, reprendre la première, et payer la taxe de 35 liv. 13 s.

7°. Celui qui aurait fait vœu de chasteté perpétuelle, en est relevé pour la modique somme de 49 liv. 19 s. 6 d.

8°. Celui qui aurait promis de se faire moine peut se relever de ses vœux et prendre femme, moyennant 57 liv. 2 s. — Si, dans la dispense, le postulant s'engage à remplir son vœu après la mort de la femme, il ne paiera que 29 liv. 5 s.

9°. Si un homme, engagé dans les ordres sacrés, se marie (pourvu que personne n'en sache rien), il pourra obtenir dispense pour coucher avec sa femme tant qu'elle vivra.

Mais si elle meurt, il ne se remariera pas. Et tant que le mariage subsistera, il sera tenu de dire l'office de la vierge Marie, au moins les jours de fête, par forme de satisfaction. — La taxe de cette faute est de 57 liv. 2 s.

ANNOTATIONS ET COMMENTAIRES.

— Notez cette réflexion de l'article 3 : si un homme a tué le mari, épousé la femme, *et que la chose soit secrète*.... A Rome, il n'y a que la publicité qui fasse le crime : c'est la pure morale de Tartuffe :

Et ce n'est pas pécher que pécher en silence.

— Le célibat des prêtres est un article de discipline. Les apôtres étaient mariés ; et les évêques, à leur exemple, s'étaient engagés dans les liens du mariage. Plusieurs conciles donnèrent cette faculté aux prêtres ; le concile de Troyes est le premier qui s'y soit opposé sérieusement. Les Papes, pour avoir garnison dans les états des princes chrétiens, ont défendu aux hommes engagés dans les ordres de se choisir une épouse et d'être pères de famille, dans la crainte qu'ils ne s'attachassent plus à leur patrie qu'au Saint-Siége.

CHAPITRE III.

Des Juifs.

1°. Un Juif peut avoir chez lui une synagogue, s'il paye à la chancellerie apostolique 106 liv. 1 s. 6 d.

2°. Le droit d'ériger une synagogue publique est taxé à 218 liv. 17 s. 6 d.

3°. Un Juif qui veut exercer la médecine peut le faire sans autre forme, moyennant une licence de 60 liv.

ANNOTATIONS ET COMMENTAIRES.

— On s'étonne que, dans des siècles d'ignorance, Rome ait protégé les Juifs. Ce serait mal connaître l'avarice du Saint-Siége que de penser qu'il eût pu agir autrement. La religion n'était rien, et l'argent tout.

Ces articles du tarif renversent la disposition du septième concile de Tolède, qui défend aux chrétiens d'avoir recours à des médecins juifs, sous peine d'excommunication pour les laïcs et d'interdiction pour les clercs.

— Dans ces temps misérables, les conciles

étaient sans tolérance, les Papes sans pudeur; les lois canoniques n'étaient que confusion et discordance. C'était pourtant avec ces conciles, ces Papes, ces lois arbitraires que l'on conduisait le monde.

CHAPITRE IV.

Des Dispenses d'âge pour les ordres sacrés.

1°. On pourra tonsurer un enfant de six ans, moyennant une dispense de 33 liv. 13 s.

2°. On peut être sous-diacre à quinze ans accomplis, moyennant 46 liv. 17 s. 6 d.

3°. A seize ans accomplis, la taxe ne sera que de 27 liv. 1 s.

4°. A dix-sept ans accomplis, on peut être diacre pour 12 liv.

5°. A dix-huit ans accomplis, il n'en coûtera que 6 liv.

6°. On peut être prêtre à vingt-un ans accomplis pour la somme de 37 liv. 1 s.

7°. A vingt-trois ans accomplis, on en est quitte pour 6 liv.

ANNOTATIONS ET COMMENTAIRES.

— A quel âge peut-on s'engager dans les ordres sacrés , et quelles qualités faut-il y apporter ?..... La chancellerie romaine ne vous demande pas cela , mais seulement , *avez-vous de l'argent à donner ?* Cette manière de procéder est bien plus courte ; elle dispense de toutes les formalités ordinaires.

Martin Ier, le quatrième concile de Carthage , et plusieurs conciles œcuméniques , avaient statué sur les qualités requises pour les ordres sacrés , sur les dispositions qu'il fallait porter au sacerdoce ; les auteurs de la taxe ont détruit tout cela d'un trait de plume : de l'argent , et qui que vous soyez , je vous vends le Saint-Esprit.

— Le concile de Césarée avait décidé que nul ne pourrait être prêtre avant trente ans accomplis. *Prêtre* vient d'un mot grec qui signifie vieillard. Est-ce trop exiger que trente ans accomplis pour un prêtre ? Dans les beaux siècles de l'Eglise , les prêtres étaient de sages vieillards , et il y avait *généralement* moins de fanatisme. (*Voyez* les commentaires du chapitre VII , 2e alinéa.)

CHAPITRE V.

Des Licences pour les ordres sacrés.

1°. Celui qui prend la tonsure et les quatre ordres mineurs d'un autre que son évêque, paiera la taxe de 18 liv. 2 s. 6 d.

2°. Celui qui prendra les ordres majeurs d'un autre que son évêque, paiera 37 liv. 1 s.

3°. Celui qui prendra les ordres sacrés à d'autres époques que les jours consacrés à ces cérémonies, en sera quitte pour 31 liv. 1 s.

4°. Un abbé qui reçoit les ordres d'une personne à son choix paiera 87 liv. 3s. — Un évêque qui se fait bénir par une personne à son choix ne paiera que 24 liv.

ANNOTATIONS ET COMMENTAIRES.

— Le concile de Carthage, pour obvier aux abus, avait sagement décidé que l'évêque diocésain pouvait seul conférer les ordres aux clercs de son diocèse. Mais avec des lois permanentes on se prive du bénéfice des lois d'exception. Avec des chosesqui se font en règle, on ne peut pas vendre de dispenses....

CHAPITRE VI.

Des Estropiés et Gens mal faits.

1°. Ceux à qui il manquerait quelque membre peuvent cependant recevoir la tonsure et les quatre ordres mineurs, moyennant 27 liv. 1 s.

2°. S'ils veulent prendre les ordres sacrés et posséder des bénéfices, ils verseront dans la bourse de la sainte chancellerie, pour le membre qui leur manque, 58 liv. 2 s.

3°. Ceux qui n'auraient pas tous leurs doigts et qui demanderaient des bénéfices simples, paieront pour les doigts qui leur manquent 35 liv. 19 s. 6 d.

4°. Celui qui aurait perdu l'œil droit paiera pour l'œil qu'il n'a pas, 58 liv. 2 s.

5°. Si c'est l'œil gauche qui manque, et que la difformité ne soit pas trop apparente, le borgne paiera 106 liv. 1 s. 6 d.

6°. Celui qui aurait perdu les deux testicules, ou un testicule seulement, paiera 27 liv. 1 s.

7°. Celui qui se serait coupé lui-même le membre viril donnera en dédommagement 45 liv. 19 s. 6 d.

ANNOTATIONS ET COMMENTAIRES.

— L'origine de cette taxe sur les imperfec-
tions physiques vient de ce qu'on a pris au
sens positif ce qui avait été dit au sens figuré.
« Celui-là est borgne , dit saint Grégoire ,
» qui n'a aucune intelligence des choses cé-
» lestes. On appelle boiteux celui qui n'est
» pas assez ferme pour suivre le bon chemin.
» Le nez court signifie l'indiscrétion. La jambe
» cassée et la main rompue représentent les
» indifférens pour la voie du Seigneur. Les
» bossus sont ceux qui s'attachent plus aux
» choses de la terre qu'aux biens du ciel, qu'ils
» ne regardent pas. Le chassieux a bien la
» connaissance de la vérité ; mais ses paillar-
» dises obscurcissent cette connaissance. La ta-
» che dans l'œil empêche de voir les lumières
» divines. La lèpre perpétuelle est la figure de
» la concupiscence, qui brûle continuellement,
» et tient en perpétuelle démangeaison les
» personnes lubriques. Celui qui est blessé
» aux testicules représente ceux qui, ne pou-
» vant exercer de fait leurs paillardises, ont
» néanmoins un cœur sans cesse abandonné
» aux pensées luxurieuses, etc.... »

— Venons à la folie de ceux qui se font eunuques pour gagner le paradis. Il y eut une secte d'hérétiques qui mit cette doctrine en pratique, et qui aurait amené la fin du monde si elle eût eu le dessus : heureusement on parvint à dissiper ces pieux castrats. Origène fut censuré pour avoir fait cette triste opération sur lui-même ; et plusieurs canons excluent des ordres sacrés ceux qui se sont rendus coupables de ce crime, parce qu'ils sont regardés comme meurtriers. Néanmoins le Pape les tient pour gens de bien, moyennant argent.

— La loi de Moïse excluait du sacerdoce les gens mal conformés ; mais les lévites avaient des femmes. Les prêtres catholiques sont censés n'en pas avoir ; et, sous ce rapport, on ne devrait pas, ce me semble, y regarder de si près. On visite néanmoins les candidats à la papauté, et des commissaires examinent s'ils sont propres à la génération (1). La plupart des voyageurs ont vu la chaise percée sur laquelle on faisait asseoir le Pape pendant la vérifi-

---

(1) *Papæ virilia tangunt...* Chalcond. de Reb. turc. lib. VI.

cation des pièces. — Plusieurs historiens prétendent que le voluptueux Léon X fut le dernier pour qui on fit usage de la chaise stercoraire.

CHAPITRE VII.

De ceux qui ont été ordonnés irrégulièrement.

1°. Celui qui aura reçu les ordres sans avoir l'âge requis, se relèvera de l'irrégularité moyennant la somme de 29 liv. 5 s.

2°. Celui qui aura reçu les ordres d'un autre que son évêque, sans en avoir obtenu la dispense, paiera 29 liv. 5 s.

3°. Pour entrer en jouissance d'un bénéfice donné irrégulièrement , 47 liv. 15 s. 6 d.

4°. Celui qui aurait reçu les ordres en des temps non consacrés à ces cérémonies, paiera 29 liv. 5 s.

5°. Pour conserver, en ce cas, un bénéfice irrégulièrement acquis , 37 liv. 5 s.

6°. Celui qui aura excroqué les ordres par de faux titres, actes ou témoins , se relèvera de l'irrégularité en payant 29 liv. 5 s.

7°. Celui qui aura reçu les ordres majeurs

sans avoir pris au préalable la tonsure et les quatre moindres, paiera pour cette irrégularité 27 liv. 17 s.

8°. Celui qui aura été ordonné prêtre sans avoir reçu le sous-diaconat ou le diaconat, paiera 46 liv. 9 s. 6 d.

9°. S'il a sauté par-dessus ces deux ordres, la taxe sera de 63 liv. 14 s.

10°. Celui qui recevra plusieurs ordres sacrés le même jour paiera 27 liv. 1 s.

ANNOTATIONS ET COMMENTAIRES.

— Les quatre-temps furent très-anciennement désignés pour l'époque des ordinations. Grégoire II ordonna qu'elles se feraient aux quatre-temps des quatrième, septième et dixième mois, et au commencement du carême. Plusieurs conciles confirmèrent cette mesure. Depuis, les Papes ont tellement glosé, qu'on peut tout changer sans s'écarter du texte.

— Le concile tenu à Rome, aux étuves de Domitien, sous le pontificat de Sylvestre, porte en termes exprès que, pour parvenir à l'ordre de prêtrise, il faut être marguillier un an, lecteur vingt ans, exorciste dix ans, acolyte cinq ans, sous-diacre cinq ans, diacre cinq ans : de cette façon, les prêtres avaient au moins soixante ans. Pour être évêque il fallait avoir été six ans prêtre.

Plus tard, on se dispensa de toutes ces entraves ; avec quelque monnaie on reçut tous ces ordres en un jour...... Et dans le dix-huitième siècle, il y avait encore en Espagne un archevêque qui avait pris possession de son archevêché à neuf ans.... avec dispense de la cour de Rome.

CHAPITRE VIII.

Des Ecclésiastiques de contrebande.

1°. Celui qui aura fait les fonctions de diacre et de sous-diacre sans avoir reçu ces ordres, paiera l'absolution de cette faute 57 liv. 14 s.

2°. Celui qui aura usurpé un bénéfice, en se disant ecclésiastique bénéficier, conservera son bénéfice moyennant 59 liv. 14 s.

3°. Celui qui dira la messe et administrera les sacremens sans avoir reçu l'ordre de prêtrise, paiera 39 liv. 12 s.

ANNOTATIONS ET COMMENTAIRES.

— Plusieurs prêtres regrettent le temps d'autrefois, parce qu'autrefois le métier de prêtre était plus productif qu'aujourd'hui. C'est pourquoi il y avait alors beaucoup de fripons qui disaient la messe sans être dans les ordres. On voit que le Pape ne les traitait pas fort sévèrement, puisqu'ils en étaient quittes pour 39 liv. 12 s.

Ces abus sont moins communs de nos jours, et on a grand soin de les réprimer, parce qu'on en a enfin senti les inconvéniens.

Un laquais du faubourg Saint-Germain, nommé Victor, montrait, il y a quelques années, tous les penchans d'un mauvais sujet. Sa jeunesse, sa figure intéressante, sa fraîcheur, empêchèrent long-temps la dame qu'il servait de le renvoyer. Enfin, après avoir engrossé la fille du portier et fait un enfant à la femme-de-chambre, il escroqua tant de pots de confitures, qu'on le chassa de l'hôtel.

Il quitta Paris, vagabonda quelque temps, et se mit au service d'un curé bas-breton. C'était un bon homme; il le vola comme un autre, et gagna son amitié, en lui promettant que, par ses protections, il lui ferait obtenir un canonicat à Notre-Dame de Paris.

Pendant que le curé bas-breton, heureux en perspective, faisait ses préparatifs de départ, Victor lui enleva adroitement ses lettres de prêtrise, revint à Paris, et se présenta à l'Archevêché. Son extérieur était agréable ; on l'envoya dans une paroisse musquée, aux Petits-Pères. On ne parla bientôt plus, dans le monde dévôt, que de l'abbé Victor ; on lui trouva de l'onction ; les pénitentes se l'arrachèrent, et les anciens confesseurs seraient restés sans ouvrage s'il eût pu suffire à tout.

Malheureusement il ne soutint pas son rôle. Un vieux paroissien, au lit de la mort, envoya chercher l'abbé Victor. Le laquais en soutane dit des prières, exorcisa, parla de l'enfer et de la nécessité de faire des donations à l'Eglise. On sent qu'il avait eu le soin de faire retirer les parens. Lorsqu'il eut endormi son pénitent par ses sermons, il s'empara d'un gros sac d'argent et disparut. Un héritier, qui avait lorgné ce sac, s'aperçut qu'on l'avait dérobé, et se hâta de porter plainte à la police. Les soupçons tombèrent sur l'abbé Victor ; on fit des perquisitions ; on reconnut que l'abbé qui volait ses paroissiens était le laquais qui avait engrossé les femmes-de-chambre, et le valet qui avait friponné le curé bas-breton. Le saint homme fut traduit à la cour d'assises, et depuis 1814, il fait un autre métier dans les bagnes.

CHAPITRE IX.

Des Bâtards.

1°. Un bâtard qui veut recevoir les ordres sacrés et posséder des bénéfices paiera 15 liv. 18 s. 6 d.

2°. S'il veut qu'à ses lettres d'ordination on joigne le droit d'échanger une fois son bénéfice, il donnera 81 liv. 17 s. 6 d.

3°. Un bâtard qui aurait caché *la honte* de sa naissance, en recevant les ordres, sera taxé à 81 liv. 17 s. 6 d.

4°. La dispense nécessaire pour échanger un bénéfice se vendra, à un bâtard engagé dans les ordres, 27 liv. 1 s.

5°. Pour échanger deux bénéfices dans le même cas, 45 liv. 19 s. 6 d.

6°. Pour échanger trois bénéfices, 63 liv. 14 s.

7°. Un bâtard qui voudra desservir le bénéfice

ou la cure de son père (soit que le père et
le fils vivent ensemble , soit qu'ils vivent séparés) paiera 27 liv. 1 s.

8°. Un enfant trouvé qui voudra entrer
dans les ordres versera à la sainte chancellerie
27 liv. 1 s. pour le défaut de sa naissance.

CHAPITRE X.

Des Moines bâtards.

1°. Un bâtard qui veut être frère mendiant
doit payer 19 liv. 14 s. 6 d.

2°. Pour monter jusqu'à la dignité de provincial et de prieur dans les ordres mendians,
et pour être reçu chez les moines rentés jusqu'au grade d'abbé, un bâtard paiera 57 liv. 2 s.

CHAPITRE XI.

De ceux qui ont été mariés une seule fois, et avec une vierge.

1°. Celui qui ne s'est marié qu'une fois,
qui a épousé une vierge, et qui, après la mort
de sa femme , veut entrer dans les ordres sacrés , doit payer 27 liv. 1 s.

2°. S'il veut jouir des priviléges et posséder des bénéfices, il donnera 33 liv. 13 s.

CHAPITRE XII.

Des Bigames.

1°. CELUI qui s'est marié deux fois ne sera admis à la tonsure et aux quatre ordres mineurs, qu'en versant 45 liv. 3 s. 6 d.

2°. S'il ne reçoit les ordres susdits que pour posséder des bénéfices, et qu'il n'ait pas l'intention d'achever sa vie dans le célibat, il paiera 63 liv. 14 s.

3°. Si, dans la bulle du bigame en question, on spécifie qu'il pourra posséder des bénéfices, il ajoutera 12 liv.

4°. Celui qui, marié en secondes noces, aurait caché son état en se faisant tonsurer, versera 76 liv. 6 d.

5°. Le chevalier marié en secondes noces recevra la tonsure, jouira des priviléges attachés à la chevalerie, et possédera des bénéfices, en versant la somme de 45 liv. 19 s. 6 d.

6°. Celui qui, veuf de sa seconde femme,

voudra prendre les ordres mineurs, paiera également 45 liv. 19 s. 6 d.

7°. Celui qui, marié en secondes noces, aurait caché son état en recevant les ordres mineurs, paiera 130 liv. 14 s. 6 d.

8°. Celui qui s'est marié deux fois, et qui achète une dispense du Pape pour recevoir les ordres sacrés, peut posséder un canonicat et deux bénéfices simples, moyennant la taxe de 87 liv. 3 s.

ANNOTATIONS ET COMMENTAIRES.

— La plupart de ces dispenses ont été préparées par le pape Sylvestre, et autorisées par quelques conciles. Tout le droit canon est rempli de ces sortes de dispositions, qui représentent la vie conjugale comme un état de péché, et qui portaient autrefois de grands coups à l'honneur du mariage.

CHAPITRE XIII.

Des Prêtres qui vont à la guerre.

— Tout ecclésiastique qui aura été à la guerre, et qui s'y sera battu, sans avoir tué ni mutilé personne, paiera pour son irrégularité 131 liv. 14 s. 6 d.

ANNOTATIONS ET COMMENTAIRES.

— Les prêtres allaient autrefois à la guerre. Gozelin, évêque de Paris, commandait la place contre les Normands en 885. A la bataille de Bouvines, Guérin, évêque de Senlis, commandait une partie de l'armée française, et se battait à coups de massue. En 1196, Philippe de Dreux, évêque de Beauvais, fut pris, armé de toutes pièces, par les Anglais, qui envoyèrent sa cuirasse au Pape. A la bataille d'Azincourt, Jean de Montagu, archevêque de Sens, se battit à coups de hache (1). Pendant les guerres de la Jacquerie, un évêque se vantait d'avoir assommé deux cents paysans pour sa part (2)....

Depuis, il fut défendu aux ecclésiastiques d'aller à la guerre et de porter des armes. Il est néanmoins décidé, dans le droit canon, qu'un

---

(1) M. Collin de Plancy, *Dictionnaire féodal*, au mot *Evêques*, etc.

(2) *Voyez* Mézeray, Velly, Dulaure, *Histoire critique de la Noblesse*.

prêtre et un clerc ne sont pas irréguliers toutes les fois qu'ils ne tuent pas avec des armes tranchantes , et qu'ils peuvent tuer en conscience, par exemple, avec des pierres, des bâtons , des pots cassés , etc.

CHAPITRE XIV.

Des Prêtres qui ont jugé des causes criminelles.

—S'ils ont condamné à d'autres peines que les peines canoniques , ils paieront 131 liv. 14 s. 6 d.

CHAPITRE XV.

De ceux qui auraient battu un ecclésiastique.

1°. Celui qui aura frappé un clerc ou un prêtre paiera la taxe de 27 liv. 1 s.

2°. Celui qui aura frappé un prélat, ou le général d'un ordre religieux, paiera 45 liv. 19 s. 6 d.

3°. Celui qui aura frappé un évêque ou un prélat supérieur, paiera 87 liv. 3 s.

CHAPITRE XVI.

Des Mutilations.

1°. Celui qui aura mutilé un clerc sera relevé par dispense, moyennant 63 liv. 14 s.

2°. La simple absolution de ce délit se paiera 27 liv. 1 s.

3°. Si l'on a mutilé un abbé ou un général d'ordre, on ajoutera 6 liv.

4°. Si l'on a mutilé un évêque, on ajoutera encore 27 liv. 1 s. aux sommes susdites.

5°. Si un laïc a mutilé un laïc, il sera totalement absous pour 27 liv. 1 s.

ANNOTATIONS ET COMMENTAIRES.

— Quand Dieu commanda aux hommes de s'aimer comme frères, il ne fit entre eux aucune différence. Celui qui se dit son vicaire établit des distinctions intéressées : c'est bien le cas de dire que le valet ne vaut pas le maître.

Dans les siècles de barbarie, les prêtres se disant des êtres sur-humains, se mettaient nécessairement au-dessus des autres hommes ; les offenser, c'était offenser la divinité même. Dans

les additions que Charlemagne fit à la loi sa-
lique, il statua qu'on paierait une amende
de trois cents sous pour le meurtre d'un sous-
diacre, quatre cents pour celui d'un diacre
ou d'un moine, six cents pour celui d'un prêtre,
et neuf cents pour celui d'un évêque. La vie
d'un laïc était à meilleur marché (1).

CHAPITRE XVII.

De l'Homicide volontaire.

1°. Un homme qui en a tué volontairement
un autre, et qui veut entrer dans les ordres,
peut posséder des bénéfices s'il achète l'absolution de son meurtre; ce qui lui coûtera
45 liv. 19 s. 6. d.

2°. S'il veut jouir des priviléges de la cléricature, il paiera 63 liv. 14 s.

3°. Avec dispense et bulle contre toute poursuite, il paiera 75 liv. 14 s.

4°. Un meurtrier qui veut posséder trois bénéfices est taxé à 63 liv. 14 s.

---

(1) Saint - Foix, *Essais historiques sur Paris*,
tom. ii.

5°. S'il veut en posséder davantage et vivre à son aise, il paiera 87 liv. 3 s.

6°. Si celui qu'on a assassiné n'est pas mort de sa blessure, mais par un autre accident, et que le meurtrier n'ait pas eu l'intention de le tuer tout-à-fait, ce meurtrier pourra être prêtre, avoir des bénéfices, et recevoir toutes les absolutions et dispenses qu'il souhaitera, moyennant la somme de 131 liv. 14 s. 6 d.

7°. L'absolution d'un homicide commis par un évêque, ou par un abbé, ou par un général d'ordre, ou par un chevalier de Saint-Jean, coûtera 179 liv. 14 s.

8°. Un prieur de moines, un protonotaire apostolique, et tous autres de dignité semblable, sont taxés, pour chaque meurtre qu'ils pourront commettre, à 146 liv. 5 s.

9°. Un prêtre qui tue son ennemi en guet-à-pens et de dessein prémédité, paiera pour être absous 131 liv. 14 s. 6 d.

10°. Si deux hommes se réunissent pour en tuer un autre, ils paieront 134 liv. 14, s., et seront absous.

11°. Si un seul homme en tue plusieurs dans une même occasion, on l'absoudra moyennant 131 liv. 14 s. 6 d.

12°. Mais s'il a tué plusieurs personnes en

diverses rencontres, il paiera pour l'absolution de chaque meurtre 90 liv. 11 s.

13°. Une ville, une paroisse et toute communauté qui aura fait assassiner quelqu'un et qui demandera l'absolution de ce meurtre, sera taxée arbitrairement, selon que le jugeront les seigneurs, officiaux, et autres hommes ayant autorité.

CHAPITRE XVIII.

De l'Homicide accidentel.

1°. Un clerc qui aura tué quelqu'un par accident paiera 27 liv. 1 s.

2°. Pour être pleinement relevé, avec assistance et pardon spécial, il ajoutera 6 liv.

3°. Celui qui voudra acheter provisoirement l'absolution de tout meurtre accidentel qu'il pourrait commettre à l'avenir, paiera cette absolution 168 liv. 15 s.

4°. Pour être, malgré ces meurtres, à l'abri de toute interdiction dans l'exercice des fonctions sacrées, il ajoutera 106 liv. 1 s. 6 d.

5°. Si celui qui a commis un meurtre accidentel n'a pas fait ce qu'il devait pour éviter de commettre ce meurtre, il paiera 87 liv. 3 s.

6°. Pour être à l'abri de toutes poursuites, la taxe sera, au cas ci-dessus, de 131 liv. 14 s. 6 d.

7°. Si le meurtre a eu lieu dans un exercice défendu aux gens d'église, comme la chasse et les jeux d'adresse, les clercs ou prêtres paieront également 131 liv. 14 s. 6 d. et seront absous.

CHAPITRE XIX.

De l'Homicide à son corps défendant.

1°. Si un clerc commet un meurtre en défendant sa vie, il paiera 27 liv. 1 s.

2°. Pour être pleinement relevé et à l'abri de toutes poursuites, 54 liv. 2 s.

3°. Pour l'absolution provisoire de tout meurtre semblable à l'avenir, 76 liv. 6 d.

4°. Pour n'être point inquiété en ces cas-là, 131 liv. 14 s. 6 d.

5°. Un homme qui a commis un meurtre en défendant son prochain, peut recevoir les ordres sacrés, moyennant la taxe de 106 liv. 1 s. 6 d.

6°. Un évêque ou un abbé qui aura commis un meurtre par guet-à-pens, ou par accident, ou par nécessité, paiera l'absolution de ce délit 179 liv. 14 s., comme on l'a dit au chap. XVII, article 7.

7°. Un prieur de moines paiera, dans les mêmes cas, 167 liv. 2 s.

ANNOTATIONS ET COMMENTAIRES.

— Toute cette doctrine sur l'homicide est consacrée par les jésuites, dans leurs cas de conscience. Le père Herreau fut mis aux arrêts en France, parce qu'il avait enseigné qu'on pouvait tuer pour se venger d'une médisance....; mais qu'il fallait faire ce meurtre en secret et non publiquement, afin d'éviter le scandale... Malgré l'arrestation du père Herreau, le père Desbois soutint, deux mois après, une thèse, où il avança qu'un religieux pouvait tuer celui qui attaquait son honneur par des paroles indiscrètes. — Nous reviendrons plus tard sur cette doctrine.

CHAPITRE XX.

Du Meurtre d'un Prêtre.

1°. Un laïc qui aura tué un prêtre ne sera absous qu'en faisant une pénitence publique, et en payant 27 liv. 1 s.

2°. Si un clerc tonsuré ou engagé dans les ordres sacrés se rend coupable du meurtre d'un prêtre, il sera interdit jusqu'à ce qu'il ait fait une pénitence publique, et payé 137 liv. 6 s.

3°. Si plusieurs se sont associés pour tuer un prêtre, le chef du complot paiera la taxe entière, les autres n'en paieront que moitié.

4°. Si, dans une même affaire, un individu a tué plusieurs prêtres, quel qu'en soit le nombre, il ne paiera que six fois la taxe.

5°. Mais s'il a tué plusieurs prêtres en diverses rencontres, il paiera la taxe entière pour le premier meurtre, et moitié pour les meurtres suivans.

6°. Si le meurtrier d'un prêtre demande à ne faire qu'une pénitence secrète, au lieu de la pénitence publique qui est exigible, il paiera de plus 63 liv. 14 s.

7°. Si celui qui fait cette demande a tué plusieurs prêtres, il ajoutera 18 liv.

8°. Celui qui aura tué un évêque ou un prélat supérieur, paiera 131 liv. 14 s. 6 d.

9°. Celui qui aura tué un abbé ou un général d'ordre paiera 24 liv.

10°. Celui qui aura tué un prêtre pourra cependant posséder des bénéfices, s'il ajoute aux taxes d'absolution la somme de 23 liv. 1 s.

ANNOTATIONS ET COMMENTAIRES.

— On décida, au concile de Worms, que le meurtrier d'un prêtre jeûnerait tous les jours, jusqu'au soir, les fêtes et dimanches exceptés ; qu'il ne pourrait porter d'armes, aller à cheval, ni voyager en litière ; que l'entrée de l'église lui serait interdite pendant cinq ans ; qu'il se tiendrait debout à la porte pendant les offices, etc. Enfin il n'était reçu à la communion qu'après dix ans d'épreuves.

Saint Pierre dit aux Juifs, encore sanglans du meurtre de Jésus-Christ, que le repentir suffisait pour effacer leur crime.

Le concile de Worms était-il au-dessus de saint Pierre ?....

— Le motif des mutations de pénitences publiques en pénitences secrètes vient de ce que les premières produisaient du scandale. Mais le Pape a perpétué ce scandale en demandant de l'argent par-tout et pour tout.

CHAPITRE XXI.

Du Meurtre d'un Laïc.

1°. L'ABSOLUTION du meurtre simple commis sur un laïc, se paie 15 liv. 2 s. 6 d.

2°. Quoiqu'un homme ait tué plusieurs laïcs en une même rencontre, il ne paiera que comme s'il n'en avait tué qu'un.....

ANNOTATIONS ET COMMENTAIRES.

— Un écrivain du seizième siècle fait là-dessus cette observation : « Il ne faut pas vous » esbahir si l'antéchrist (le Pape) préfère sa » milice aux chrétiens; les rasés (prêtres et » moines) sont les tenans de la nouvelle Ba-» bylone. » Il est singulier en effet de voir la vie d'un prêtre estimée tant au-dessus de celle d'un laïc !..... (*Voyez* les *Annotations* du chap. XVI.)

CHAPITRE XXII.

Du Parricide.

— Pour le meurtre d'un père, d'une mère, d'un frère, d'une sœur, l'absolution se paiera 17 liv. 14 s. 6 d. !!!......

CHAPITRE XXIII.

Du Meurtre d'une Epouse.

1°. Celui qui tue sa femme ne paie pas plus que le parricide.

2°. Celui qui a tué sa femme, et qui veut en épouser une autre, paie une dispense de 32 liv. 13 s.

3°. Ceux qui ont assisté le mari dans le meurtre de sa femme, paieront 2 liv. par tête.....

ANNOTATIONS ET COMMENTAIRES.

— Dans ces règles, si précises et si monstrueuses, on ne voit pas de taxe pour la femme qui aurait tué son mari. Un huguenot dit à ce sujet : « Le bon homme de Pape ne fait aucune » mention des femmes qui auraient tué ou

» empoisonné leurs maris, pource que tels
» pardons se paient sur la charogne. Mais je
» vous prie, voyez quelle ouverture cet an-
» téchrist fait à tous maléfices, moyennant
» argent. »

CHAPITRE XXIV.

De l'Infanticide.

1°. Le père ou la mère qui étouffe son enfant paie, pour l'absolution de ce meurtre,
17 liv. 14. s. 6 d.

2°. Un étranger qui tue un enfant paie la
même taxe que pour le meurtre d'un laïc.

3°. Si le mari et la femme étouffent leur
enfant de concert, ils paieront 27 liv. 1 s.

CHAPITRE XXV.

De l'Avortement.

1°. La femme qui aura pris quelque breuvage pour détruire son fruit dans son sein, et
le père qui aura préparé ce breuvage, seront
taxés chacun à 17 liv. 14 s. 6 d.

2°. Un étranger qui procure l'avortement d'un enfant qu'il n'a pas fait, paie 16 liv. 18 s. 6 d.

ANNOTATIONS ET COMMENTAIRES.

— Grégoire III et plusieurs conciles excommunient les meurtriers, et regardent l'avortement volontaire comme un meurtre. Néanmoins les pénitenciers du Pape reçoivent tous ces coupables à la communion, et trouvent leurs mains assez pures si elles sont chargées d'or. — On verra, dans les *cas de conscience* qui suivent cette taxe, que les RR. PP. Jésuites approuvent et conseillent l'avortement...

CHAPITRE XXVI.

Des Enchanteurs et des Sorciers.

— La sorcière, magicienne ou enchanteresse, qui voudra quitter le métier et abjurer ses superstitions, sera absoute moyennant 27 liv. 1 s. — La taxe est la même pour l'enchanteur ou sorcier.

CHAPITRE XXVII.

Des Hérétiques.

1°. L'ABSOLUTION d'un hérétique qui n'a point abjuré, avec bulle d'assurance contre toute poursuite, coûtera 131 liv. 6 s.

2°. Si c'est un laïc, et qu'il veuille être absous de l'infamie attachée aux hérétiques, il paiera 45 liv. 19 s. 6 d.

3°. Pour être réhabilité et à l'abri de toutes poursuites, 269 liv..... (C'est jusqu'à présent la plus forte taxe, parce que l'hérésie est le plus grand de tous les crimes.....)

CHAPITRE XXVIII.

Du Sacrilége, du Vol, de l'Incendie, de la Rapine, du Parjure, et des divers crimes de ce genre.

—L'ABSOLUTION et réhabilitation de tous ces crimes, avec assurance contre toute poursuite, coûtera, pour chacun d'iceux, 131 liv. 6 s.

CHAPITRE XXIX.

De la Simonie.

1°. L'ABSOLUTION simple d'un simoniaque , ou courtier de bénéfices , qu'il soit laïc ou engagé dans les ordres, coûtera 131 liv. 6 s.

2°. Si le coupable demande en même temps une dispense pour recevoir et exercer la prêtrise , il paiera cette dispense séparément 27 liv. 1 s.

3°. Si un homme demande dispense pour acquérir dans la suite , par voie de simonie , d'autres bénéfices que ceux qu'il possède , il s'adressera aux officiers de la chancellerie apostolique, qui le taxeront raisonnablement.

4°. Si un bénéficier demande l'absolution de cette sorte de délit, on la lui donnera ; on lui permettra même de conserver le bénéfice qu'il a acquis par simonie ; mais il paiera 106 liv. 1 s. 6 d.

ANNOTATIONS ET COMMENTAIRES.

— Nous pouvons enfin nous arrêter un instant sur cette sainte simonie , mère-nourricière des suppôts de la cour de Rome,

Les canons apostoliques dégradaient anciennement les prêtres qui se livraient à la simonie. Les simoniaques étaient privés de la communion de l'Eglise. Ceux qui les avaient ordonnés étaient eux-mêmes déclarés simoniaques et hérétiques ; on confisquait leurs biens , etc. On ne voit que peines , dans les premiers siècles de l'Eglise , contre ceux qui vendaient le Saint-Esprit.

Plus tard , on se relâcha de cette sévérité. Le Pape, qui trafiquait publiquement des bénéfices, ne put se montrer très-sévère envers ceux qui l'imitaient modestement. Il se contenta de leur infliger des peines légères. Mais lorsqu'on voit la cour de Rome punir ceux qui vendent les bénéfices, on ne peut s'empêcher de la comparer à la douane , qui poursuit la contrebande.

Le casuiste Diana a eu l'audace de poser cette question : « Les bénéficiers sont-ils obligés » de restituer les revenus qu'ils ont volés ? Les » anciens disaient oui ; les nouveaux disent » non : ne rejetons pas cette dernière opinion, » qui nous dispense de restituer. »

— Il n'y a plus de bénéfices en France. Le Pape espère qu'il y en aura ; il en demande , et il exige d'abord la première année des re-

venus de chaque titulaire...... Les annates sont
fort douces, Monseigneur ; mais la mode en
est passée.

Il est inconcevable que, dans un siècle de
lumières, la cour de Rome ait été assez aveuglée
pour nous présenter un concordat plus révol-
tant que celui de Léon X. Dans les conven-
tions de ce Pape avec François Ier, les annates
ne furent accordées au Saint-Siége que par une
bulle postérieure au concordat. Mais le traité
que la cour de Rome nous proposa en 1817 pouvait s'interpréter si favorablement, qu'il n'y avait
pas besoin de bulle pour rétablir les annates. Si
nous avions été assez faibles pour laisser passer
cet acte monstrueux de l'ambition pontificale,
nous aurions reculé plus loin que nos pères du
seizième siècle.

CHAPITRE XXX.

Des Péchés de la chair.

1°. Si un clerc, ou tout autre engagé dans
les ordres, commet un acte de paillardise, soit
avec des nonnes, dans le monastère ou hors le
monastère, soit avec ses cousines, nièces ou
filleules, soit avec d'autres femmes, le cou-

pable ne sera absous et relevé de son péché de luxure avec assurance contre toute poursuite, que pour la somme de 67 liv. 11 s. 6 d.

2°. Si, outre les péchés naturels compris dans l'article précédent, le coupable demande l'absolution du péché contre nature et d'autres paillardises commises avec les bêtes brutes, il paiera, pour l'absolution et les dispenses, 219 liv. 14 s.

3°. Si le pénitent n'a commis d'autres paillardises que le péché contre nature et le crime de bestialité, et qu'il ne se soit pas pollué avec les femmes, il en sera quitte pour 131 liv. 14 s. 6 d.

4°. Une religieuse qui aura paillardé avec plusieurs hommes, au dedans et au dehors du monastère, et qui demandera à être réhabilitée, afin de parvenir aux dignités de son ordre, même à la dignité d'abbesse, paiera, pour l'absolution et réhabilitation, 131 liv. 14 s. 6 d.

5°. Un homme qui entretient des concubines, et qui veut recevoir les ordres sacrés et posséder des bénéfices, doit payer 76 liv. 6 d.

6°. Avec dispenses et bulle contre toute poursuite, il paiera 99 liv. 3 s.

7°. Pour tout péché de luxure, paillardise,

acte libidineux commis par un laïc, l'absolution coûtera 27 liv. 1 s.

8°. Si ce laïc a commis des incestes, il ajoutera en conscience 4 liv.

9°. Si le mari et la femme ont commis le péché de la chair, chacun de son côté, qu'ils se réconcilient ensuite, et qu'ils demandent ensemble l'absolution, ils paieront à la sainte chancellerie 63 liv. 14 s.

10°. La femme adultère qui veut, avec l'absolution, être à l'abri de toute poursuite, et avoir large dispense, paiera 87 liv. 3 s. Le mari, dans le même cas, se soumettra à la même taxe.

11°. Si le mari et la femme veulent prendre ensemble ces mêmes précautions, ils ne donneront que 131 liv. 14 s. 6.

12°. Un laïc qui n'a commis qu'un adultère paiera en conscience 4 liv.

13°. S'il est coupable d'adultère et d'inceste, il ajoutera 6 liv. — Mais s'il demande en même temps l'absolution des femmes avec qui il a péché, il paiera 27 liv. 1 s.

ANNOTATIONS ET COMMENTAIRES.

— Les six premiers articles de ce chapitre regardent le clergé. Ils nous apprennent quelles étaient les mœurs des prêtres, des nonnes et des moines dans le bon vieux temps.

Les Jésuites n'ont pas manqué de gloser sur tout cela. Sanchez demande s'il y a bestialité toutes les fois qu'on se joint avec une bête ? Il faut distinguer, répond-il : si la bête est vivante, il y a péché ; si elle est morte, il n'y en a pas, *quia non fit carnium commixtio.*

— La sodomie est un goût assez commun de l'autre côté des monts. Le Pape Paul V fulmina, contre ce péché, une bulle où l'on remarque ce passage : « Dans la juste crainte » que nous avons que la contagion d'un dé- » sordre si répandu ne s'augmente encore par » l'impunité, nous avons résolu de punir » plus sévèrement les coupables, afin que » ceux qui ne craignent pas de perdre leur » âme soient au moins retenus par les pu- » nitions temporelles. C'est pourquoi, par la » présente constitution, nous privons de tout » privilége de cléricature, de tout emploi, » dignité et bénéfice, tous et chacun des » prêtres et autres ecclésiastiques, qui s'aban- » donnent à un péché si détestable. »

La plupart des conciles prononcent les mêmes peines contre la sodomie. Cependant

Escobar pose cette question , en termes que la pudeur oblige de taire : « La bulle de Paul V contre les sodomites oblige-t-elle en con- science ?.... » Après avoir inventé mille détours pour l'éluder , il répond , 1°. que cette bulle n'oblige pas en conscience , parce qu'elle n'est pas reçue par l'usage ; 2°. que cette bulle ne peut s'appliquer à ceux qui ne sont tombés que deux ou trois fois dans le péché de sodo- mie ; 3°. que ceux qui sont sodomites par habitude n'encourent les peines portées par la bulle qu'après la sentence du juge , parce qu'il n'y a point de loi qui oblige un coupable à se déclarer. « Doù je conclus , ajoute » Escobar, qu'un ecclésiastique qui est dans » le cas de la bulle doit être absous s'il » est contrit , et conserver son bénéfice et ses » dignités. ». — Observons encore qu'un ar- chevêque de Benevent a fait des sonnets ita- liens en l'honneur de la sodomie.....

—Quant au concubinage des prêtres, Esco- bar le trouve assez naturel. Il approuve aussi le gain que les filles et les femmes tirent de leurs prostitutions. « On doit en conscience, dit-il, » payer le prix d'une passade. Ce prix se me- » sure sur la qualité des personnes. Une » femme honnête vaut mieux qu'une fille

» publique ; les lois ne lui défendent pas de se
» faire payer plus cher. Il en est de même
» d'une religieuse qui a fait ses conventions.
» On doit la payer aussi exactement qu'une
» prostituée qui fait son état. »

Le grand Sanchez n'est pas moins favorable
aux concubines. Il permet aux prêtres de les
garder, cumulativement avec les bénéfices,
et il ajoute : « Si une concubine était très-utile
» à son concubinaire, pour le tenir en joie et
» lui préparer à manger à sa fantaisie, de
» sorte que sans elle il passerait sa vie dans
» le chagrin, et aurait un grand dégoût des
» autres viandes qu'on pourrait lui apprêter ;
» enfin, s'il ne pouvait trouver une autre
» servante qui lui fût plus agréable, il ne
» faudrait pas le forcer à chasser cette concu-
» bine, parce que le plaisir qu'elle lui cause
» est préférable à tout autre bien temporel.

» Pour la même raison, si cette femme
» avait été renvoyée, quelque sujet qu'il eût de
» craindre de retomber dans la fornication,
» il lui serait loisible de la reprendre, puis-
» qu'elle ne peut être remplacée, pour des
» choses de première nécessité. Si cette raison
» le dispense de la chasser après l'avoir prise,
» elle lui donne aussi le droit de la reprendre

» après l'avoir mise à la porte. » — D'ailleurs, autrefois, et jusqu'au seizième siècle, plusieurs prêtres étaient mariés, et presque tous les autres vivaient en concubinage public.

— On voit que, d'après les décisions uniformes des Jésuites, un prêtre peut en conscience se donner ses aises, et se gausser des libertins, qui prennent bien des peines pour aller en enfer, s'ils ne paient pas une dispense en forme à la sainte pénitencerie.

CHAPITRE XXXI.

De plusieurs Délits.

1°. CELUI qui aura enterré le corps d'un excommunié avec les cérémonies usitées pour les chrétiens morts dans la communion de l'Eglise, paiera 27 liv. 1 s.

2°. Si le coupable du délit en question veut se relever de l'irrégularité et obtenir des bénéfices, il paiera 33 liv. 13 s.

3°. Si le coupable possède déjà des bénéfices, il ne pourra être absous et les conserver qu'en payant 45 liv. 19 s. 6 d.

4°. Celui qui a caché la mort de quelqu'un pour obtenir son bénéfice, paiera 27 liv. 1 s.

5°. Si le coupable demande une dispense pour posséder d'autres bénéfices, il paiera 33 liv. 13.

6°. Pour conserver le bénéfice irrégulièrement acquis, 45 liv. 19. 6 d.

7°. Si un prêtre est interdit *sans qu'il le sache*, et qu'il dise la messe pendant son interdiction, il paiera 27 liv. 1 s.

8°. S'il sait qu'il est interdit, et qu'il dise la messe, il lui en coûtera 45 liv. 19 s. 6 d.

9°. Le prêtre qui aura béni un mariage en secondes noces paiera 27 liv. 1 s.

10°. Il se relèvera de l'irrégularité, moyennant 33 liv. 13 s.

11°. Il conservera ses bénéfices s'il paye 45 liv. 19 s. 6 d.

12°. Si deux époux se marient en secret, et qu'ils consomment le mariage sans l'avoir fait bénir publiquement, ils paieront 28 liv. 5 s. — Les témoins seront absous moyennant 3 liv. par tête.

13°. Tout ecclésiastique qui empêchera l'exécution d'une bulle ou d'un mandement apostolique, ne sera absous et ne pourra posséder de bénéfices, qu'en payant 131 liv. 14 s. 6 d.

14°. Un simple clerc paiera l'absolution de ce délit 45 liv. 19 s. 6 d.

15°. Un marchand qui vend des armes aux infidèles et aux ennemis de la religion chrétienne, et qui fait à ce commerce un gain modéré, paiera 45 liv. 19 s. 6 d.

16°. S'il tire de ce commerce un bénéfice considérable, outre la taxe ci-dessus, il paiera une amende arbitraire, selon l'étendue des gains qu'il a faits.

17°. Un domestique qui retiendra les biens de son maître mort, comme une récompense de ses services, et qui ne voudra pas rendre ces biens lorsqu'on l'en sollicitera, pourra les conserver s'ils n'excèdent pas trop ce qui lui est dû, et s'il paye à la sainte chancellerie du Pape la taxe de 27 liv. 1 s.

18°. Un évêque qui aurait fait vœu d'aller à Rome en pèlerinage, visiter le tombeau des saints apôtres, et qui n'aurait point accompli ce vœu, sera dispensé et absous pour 45 liv. 19 s. 6 d., pourvu qu'il ait l'intention de faire son pèlerinage plus tard.

19°. On sera absous et relevé d'une sentence d'excommunication lancée par un évêque, moyennant 27 liv. 1 s.

20°. Si l'anathème a été fulminé par le Pape, l'excommunié paiera 45 liv. 9 s. 6 d.

ANNOTATIONS ET COMMENTAIRES.

— L'article 1er de ce chapitre condamne à une amende de 27 liv. 1 s. celui qui aura rendu les honneurs funèbres à un excommunié..... Est-ce en vertu de cet article que tant de prêtres refusent, de nos jours, la sépulture aux morts dont ils croient avoir à se plaindre?... La taxe de la boutique du Pape est-elle encore en vigueur en France?....

Le pape Innocent III défendit toute communication avec les excommuniés, même après leur mort..... Le clergé, toujours avare, sans s'arrêter à cette défense, vendait la terre des cimetières. L'abus parut si criant, que le pape Grégoire Ier défendit *de rien demander ni exiger pour les sépultures*..... Pourquoi donc, en conservant les dispositions monstrueuses de quelques papes, a-t-on rejeté les sages dispositions de quelques autres? Le génie du mal préside-t-il à la conduite du clergé? Pourquoi faut-il acheter à prix d'or les cérémonies des funérailles et la terre où gît le sépulcre? Pourquoi y a-t-il un tarif pour le baptême et l'enterrement? Pourquoi est-il permis aux prêtres de vendre la vie et la mort?

—Les articles 7 et 8 concernent les prêtres qui disent la messe, quoique interdits. Les papes ont été si jaloux de maintenir les interdits, qu'ils ont décidé que celui qui en était atteint souillait l'Eglise en la regardant seulement par une fente ou par une fenêtre....

—L'article 9 taxe à 27 liv. 1 s. le prêtre qui aurait béni un mariage en secondes noces. Tertullien regardait le second mariage comme un crime ; des conciles condamnèrent à la pénitence publique ceux qui se remariaient ; et le concile de Latran déclara que le mariage étant un sacrement comme le baptême, il n'était permis de le donner qu'une seule fois..... Comme on ne voyait pas trop en quoi le mariage ressemblait au baptême, et qu'une foule de veufs ne se souciaient pas d'achever leur vie dans le célibat, on se remariait sans s'embarrasser des conciles. Le Pape, qui voulait vendre des dispenses, ne songea plus à les empêcher, mais à en tirer de l'argent.

CHAPITRE XXXII.

De l'Irrégularité.

1°. Un prêtre qui est irrégulier, c'est-à-dire, qui, par des actions inconvenantes, est arrêté dans l'exercice des fonctions sacrées, sera relevé et absous, avec dispense générale, moyennant 187 liv. 16 s. 6 d.

2°. S'il demande l'absolution générale de tous les crimes et délits, quels qu'ils soient, qu'il peut avoir commis, il paiera 292 liv. 10 s.

3°. Si ce prêtre est irrégulier, pour avoir siégé en justice criminelle, il sera relevé simplement, et pourra continuer les fonctions ecclésiastiques, pour 106 liv. 1 s. 6 d.

4°. Il sera relevé et absous généralement, s'il paye 131 liv. 14 s. 6 d.

5°. Pour avoir la permission de juger et de plaider, à l'avenir, dans des causes criminelles, il ajoutera 45 liv.

6°. Si la bulle porte dispense et absolution de toute irrégularité passée et future, elle sera payée 179 liv. 14 s.

7°. Un ecclésiastique, irrégulier pour avoir

exercé la médecine, paiera 131 liv. 14 s. 6 d.

8°. Il aura permission d'exercer à l'avenir la médecine et les arts accessoires, moyennant 179 liv. 14 s.

ANNOTATIONS ET COMMENTAIRES.

— Les théologiens font tant de cas des irrégularités, que l'absolution en est réservée au Pape.

Cependant, Spéculator, qui est un de leurs grands arcs-boutans, avance que les sujets ordinaires d'irrégularité ne sont fondés ni sur le droit civil ni sur le droit canon.

Après avoir établi ce principe, il énumère une longue suite de cas d'irrégularité. Un ecclésiastique qui coupe bras et jambes à son ennemi n'est pas irrégulier...., parce que, selon les canonistes, *irrégularité requiert acte parfait et complet....* ; de sorte qu'il faut tuer pour être ici irrégulier.

Quant aux autres crimes et infamies, l'impudeur des casuistes est venue au point de mettre en doute si un clerc était irrégulier par le seul fait de sodomie..... Ils ont même inséré, dans le corps du droit canon, qu'un

membre du clergé que l'on surprendrait baisant et embrassant la femme d'autrui, ne
doit pas être pour cela soupçonné d'adultère ;
car, selon les propres paroles d'un pape, on
doit présumer qu'il l'embrasse *par zèle ou
pour la bénir*, plutôt qu'en toute autre intention..... Les docteurs en théologie défendent de frapper, d'arrêter, ou d'empoisonner
un prêtre surpris en adultère, parce qu'on
ne peut le punir ni le dégrader s'il fait pénitence, et qu'il est défendu d'en médire, *sous
peine d'irrégularité.....*

En récompense, les casuistes sont plus in-
dulgens pour ceux qui font avorter les femmes. Les prêtres coupables de ce crime sont
très-réguliers, et tout-à-fait innocens, si le
fruit n'a pas plus de quarante jours, parce que
*l'ame de l'enfant n'entre dans le ventre de sa
mère que quarante jours pleins après sa con-
ception.....*

Les théologiens décident encore qu'un
prêtre qui dit la messe pendant l'interdit est
irrégulier, et que celui qui secourt l'humanité par les ressources de la médecine est coupable.....

Les prêtres qui faisaient les fonctions de
bourreaux étaient plus considérés que ceux

qui exerçaient les fonctions bienfaisantes de médecins.

Un ecclésiastique qui exerçait la médecine était irrégulier!..... Cet article est d'autant plus singulier que plusieurs papes ont été médecins. André Tiraqueau nous a laissé une liste assez étendue des souverains pontifes qui ont exercé la médecine ; et le pape Jean XXII, le principal auteur de ces taxes, a composé un *Traité de la Goutte*, et un *Traité de la Formation du fœtus*.....

Les docteurs affirment qu'un ecclésiastique qui porte du bois pour brûler les hérétiques est irrégulier si l'hérétique ne meurt pas dans les flammes ; mais s'il meurt, l'irrégularité disparaît.....

CHAPITRE XXXIII.

Des Sépultures.

1°. Pour un homme mort en état d'excommunication, ou de mort violente, et tellement subite, qu'il n'ait pu recevoir les derniers sacremens, si les parens veulent que le défunt soit absous et inhumé en terre sainte, ils paieront 27 liv. 1 s.

2°. Si l'absolution est demandée pour un évêque ou pour un abbé, morts dans les cas prévus par l'article précédent, on paiera 45 liv. 19 s. 6 d. (*Voyez* les notes du chap. XXXI.)

CHAPITRE XXXIV.

Des Mariages clandestins.

— L'ABSOLUTION d'un mariage clandestin, lorsqu'on ne peut plus le faire bénir publiquement, parce que l'un des deux époux est mort, coûtera 28 liv. 13 s.

ANNOTATIONS ET COMMENTAIRES.

— C'est bien ici le cas de dire que l'avarice de la cour de Rome va jusqu'à lever la pierre des tombeaux pour y chercher de l'argent.....

CHAPITRE XXXV.

Des Commutations et Modérations de peines.

1°. CELUI qui aura été condamné au bannissement ou à la prison perpétuelle, et qui demandera que sa peine soit modérée, paiera 146 liv. 5 s.

2°. Si c'est un bénéficier, et qu'il veuille conserver ses bénéfices, il donnera 218 liv. 17 s. 6 d.

3°. La modération d'une peine de dix à quinze ans de bannissement ou de prison coûtera 135 liv. 14 s. 6 d.

4°. Si c'est un ecclésiastique, et qu'il demande dispense d'irrégularité, avec droit de conserver ses bénéfices, il paiera 179 liv. 14 s.

5°. La modération d'une peine de cinq à dix ans de bannissement ou de prison, avec l'absolution du condamné, coûtera 86 liv. 3 s.

6°. La modération d'une peine de cinq ans ne se paiera que 45 liv. 19 s. 6 d. — Un ecclésiastique, dans ce cas et dans celui de l'article 5, s'assurera contre toute poursuite, en ajoutant 6 liv.

7°. Un prêtre qui aura été suspendu de ses fonctions pour de fréquentes attaques d'épilepsie, et qui, pendant deux ans, n'aura point éprouvé de rechute, pourra obtenir dispense de célébrer de nouveau, moyennant 27 liv. 1 s. — Il sera enjoint à l'évêque de lui laisser dire la messe, pourvu qu'il soit toujours assisté d'un second prêtre.

ANNOTATIONS ET COMMENTAIRES.

— Le Pape se montre, dans ce dernier article, aussi bon naturaliste que bon chrétien. Il attribue, comme tous les théologiens, l'épilepsie à l'esprit immonde, à la présence immédiate de Satan ; et pour consoler son malade, il lui demande de l'argent.

— Le bon usage que les papes ont fait de la puissance temporelle doit prémunir contre les entreprises qu'ils tentent tous les jours pour la reprendre et l'agrandir plus que jamais. On voit, par tout ce chapitre, qu'il importe peu à la cour de Rome que les crimes soient réprimés, pourvu qu'elle en profite.

CHAPITRE XXXVI.

Des Dispenses de serment.

1°. UNE personne qui veut être dispensée de tenir son serment paiera au Pape, pour une seule fois, 29 liv. 5 s.

2°. Avec bulle contre toute poursuite, et absolution de toute infamie, 151 liv. 14 s. 6 d.

3°. Si celui qui veut être dispensé de son serment a juré avec plusieurs autres, et qu'il demande l'absolution de tous ses compagnons, il ajoutera 3 liv. par tête à la somme fixée par l'article 1er.

4°. Si on a juré dans plusieurs affaires, on paiera 29 liv. 5 s. pour la première, et 3 liv. pour les suivantes; moyennant quoi on sera dispensé de tenir aucun de ses sermens.

5°. Celui qui a promis avec serment de prendre ses grades dans telle université, et qui les prend dans une autre, paiera 27 liv. 1 s. — La taxe sera la même pour les cas qui ressembleront à celui-là.

6°. Si l'on a fait un serment qu'on ne pourrait tenir sans encourir la damnation éternelle, comme serait un vœu deshonnête ou une promesse criminelle, on sera dispensé de ce serment, pour 27 liv. 1 s.....

7°. La taxe sera arbitraire, et plus forte, pour un évêque, un abbé ou un général d'ordre.

CHAPITRE XXXVII.

Des Dispenses de vœux.

1°. Celui qui se serait engagé par un vœu simple à se faire moine, sera dispensé de son vœu moyennant 57 liv. 2 s. — La taxe est la même pour une fille qui aurait fait vœu d'être nonne.

2". Celui qui voudra être relevé d'un vœu simple de chasteté paiera 57 liv. 2 s.

3°. Celui qui aura enfreint son vœu de se faire moine, pour se marier, paiera également 57 liv. 2 s. ; et quand sa femme sera morte, il sera tenu de prendre l'habit religieux.

4°. La taxe et les conditions sont les mêmes, dans le même cas, pour le vœu de chasteté.

5". Celui qui a fait vœu d'aller en pèlerinage au saint Sépulcre de Jérusalem ou à Saint-Pierre de Rome, et qui veut, pour cause légitime, retarder l'accomplissement de ce vœu, paiera 31 liv. 13 s.

6°. S'il ne veut différer que de deux ans l'accomplissement de son vœu, il ne paiera que 4 liv.

7°. S'il veut commuer le pèlerinage du saint

Sépulcre en un pèlerinage moins éloigné, il donnera 45 liv. 19 s. 6 d. ; il composera en outre avec les officiers de la chancellerie apostolique.

8°. Celui qui voudra commuer le pèlerinage de Saint – Jacques de Compostelle en un pèlerinage moins pénible, paiera 45 liv. 19 s. 6 d. ; il composera en outre avec les officiers de la chancellerie apostolique.

9°. Pour changer quelque autre vœu en un vœu moins difficile à remplir, 27 liv. 1 s.

10°. Pour commuer l'obligation du jeûne et l'abstinence des viandes ; pour ne point porter un habit qu'on aurait promis de prendre, on paiera également 27 liv. 1 s.

11°. Si plusieurs personnes vivant ensemble veulent une dispense commune de certain vœu ou de certaine obligation, la première ou la principale de ces personnes paiera la taxe entière ; les autres n'en paieront que la moitié. — Mais si ces personnes vivent séparées, elles paieront chacune la taxe entière.

12°. Si un chapitre de moines, un couvent de nonnes, un collége distingué demandent dispense de quelque vœu, la taxe est de 100 liv.

ANNOTATIONS ET COMMENTAIRES.

— La matière des vœux a toujours été une branche importante des revenus du Pape. On y a tellement tenu la main, qu'un vœu deshonnête doit être acquitté si l'on n'en paye la dispense.....

Que dire de cette opinion des canonistes qui prétendent que, lorsqu'un mari et une femme ont fait la folie de promettre à Dieu qu'ils garderont la continence, s'ils s'oublient et s'ils ont des enfans, ce mari et cette femme sont adultères, et leurs enfans sont illégitimes, bâtards, adultérins de droit?.....

Tout cela est d'une telle absurdité, qu'il n'y a que des théologiens-bénéficiers qui puissent y trouver quelque chose de raisonnable.

CHAPITRE XXXVIII.

Des Dispenses relatives aux prières.

1°. Les chevaliers religieux et militaires paieront les dispenses de prières 43 liv. 19 s. 6 d.

2°. Celui qui aurait la vue trop faible, ou quelque autre empêchement de lire l'office divin dans tout son entier , sera dispensé de ce qui le gênera , pour la somme de 12 liv.

3º. Si une église demande à changer son rituel et ses prières ordinaires, elle paiera 33 liv. 13 s.

4º. Si c'est l'église d'un couvent ou d'un chapitre de chanoines, elle paiera 218 liv. 17 s. 6 d.

5º. Si la bulle de dispense accorde aux demandeurs de l'article précédent la liberté de mettre avant ce qui est après, de placer après ce qui est avant, et d'arranger l'office à leur fantaisie, la taxe sera de 365 liv. 2 s. 6 d.

CHAPITRE XXXIX.

Licence de casser un testament.

1º. On peut casser un testament dont on n'est pas satisfait, pour les prix et somme de 45 liv. 19 s. 6 d. (ce qui n'est pas cher.)

2º. On peut transporter la cendre d'un mort du lieu où il a demandé à être enterré en un autre lieu ; on peut transférer d'une église à une autre les messes qu'il a fondées, en payant 6 liv. à la sainte chancellerie......

CHAPITRE XL.

De la réduction des Messes.

1°. Un prêtre qui posséderait un bénéfice à charge d'âme (1) dont les revenus ne seraient pas assez grands pour le nombre de messes qu'il serait obligé de dire, pourra réduire arbitrairement la quantité de ces messes, pour la somme de 45 liv. 19 s. 6 d.

2°. Avec pleine dispense contre toute réclamation, on paiera 70 liv. 12 s. 6 d.

3°. Si le possesseur du bénéfice en question demande ces dispenses pour lui et pour ses successeurs, il paiera 106 liv. 1 s. 6 d.

4°. Si les prêtres d'un couvent, d'un chapitre ou d'un collége, demandent ces dispenses pour de semblables bénéfices, ils paieront 146 liv. 5 s.

---

(1) On appelait *Bénéfice à charge d'âme* la donation d'un revenu en fonds de terre *ou autres*, qu'un mourant faisait à une église, à condition que le prêtre qui jouirait de ce bien dirait par an un certain nombre de messes pour le repos de l'âme de celui qui avait légué le bénéfice.

5°. Si cette demande est manifestement contraire aux dernières volontés du testateur, on ajoutera 6 liv. : — moyennant quoi on jouira d'une pleine licence de faire ce que l'on voudra.

CHAPITRE XLI.

Des Confirmations.

1°. Des particuliers qui voudront se réunir, pour des choses non défendues par les constitutions canoniques, pourront le faire librement, pour la somme de 45 liv. 19 s. 6 d. une fois payée.

2°. Les confréries, universités, monastères, qui voudront s'établir paieront, pour leur première bulle d'institution, 87 liv. 3 s.

3°. Les fondations ecclésiastiques faites dans les formes seront confirmées pour la somme de 45 liv. 19 6 d.

4°. Une église qui voudra aliéner ses biens en aura la licence, moyennant 146 liv. 5 s.

5°. Les statuts et règlemens d'une église cathédrale seront confirmés pour 292 liv. 10 s.

6°. Les statuts et règlemens d'une église collégiale seront confirmés pour 218 liv. 17 s. 6 d.

7°. La confirmation d'une seul statut, s'il est important, coûtera 146 liv. 5 s.

8°. Si le statut en question est de peu d'importance, les officiaux de la chancellerie taxeront arbitrairement.

9°. Le droit de patronage, dans toute église, sera confirmé au prix que les officiaux jugeront convenable.

10°. Une alliance perpétuelle entre des princes ou des seigneurs, pour des choses permises et des fins honnêtes, sera confirmée par le Pape, pour la somme de 50 liv.

CHAPITRE XLII.

Des Débiteurs insolvables.

1°. CELUI qui se trouvera hors d'état de payer ses créanciers pourra prendre un terme de cinq ans, ou leur abandonner ses biens ; et il sera acquitté, moyennant une dispense de la sainte chancellerie, qui lui coûtera 17 liv. 18 s. 6 d.

2°. Pour payer ses créanciers à son aise, et se mettre au-dessus des formes ordinaires, un débiteur insolvable versera dans la caisse du Pape 31 liv. 9 s.

3°. Un ecclésiastique qui se trouverait insolvable, et qui ne voudrait ni être brusqué par ses créanciers, ni être poursuivi comme banqueroutier, paiera 17 liv. 18 s. 6 d.

4°. Pour être relevé de toute irrégularité, un ecclésiastique insolvable paiera 33 liv. 13 s.

5°. S'il n'a besoin que de se mettre à l'abri des censures, il ne paiera que 20 liv. 2 s. 6 d.

6°. Un bénéficier insolvable qui abandonne le reste de ses biens à ses créanciers, mais qui veut conserver ses bénéfices, paiera également 20 liv. 2 s. 6 d.

7°. Pour un évêque, dans tous les cas précédens, la taxe est double.

ANNOTATIONS ET COMMENTAIRES.

— Un huguenot avait raison de dire que la cour de Rome est semblable à l'arche de Noé, où tous les animaux sont admis, tant bons que mauvais. Il est vrai que les agneaux y courent grand risque d'être dévorés par ces loups ravissans, qui se couvrent de peaux de brebis pour mieux séduire les simples. Mais enfin les banqueroutiers, les assassins, les parjures, les parricides, les adultères, les sodomites, etc. ; tous sont bien reçus à la cour de Rome s'ils y

viennent avec de l'argent. — De l'argent !....,
Harpagon ne raisonnait pas mieux que les papes.

CHAPITRE XLIII.

Des Réclamations.

1°. Tout homme qui réclame des droits
importans, lorsqu'on le poursuit pour cause de
religion, ou pour un meurtre, ou pour des cas
semblables, paiera, pour les déclarations et
dispenses qu'il faudra lui accorder, 27 liv. 9 s.

2°. Dans les choses qui touchent au mariage,
ce sera 28 liv. 9 s.

CHAPITRE XLIV.

Des Omissions.

1°. Celui qui aura perdu ses lettres d'ordination en recevra d'autres, en justifiant de ses
droits, moyennant 27 liv. 1 s.

2°. Celui qui, dans une supplique, aurait
omis l'exposé d'un fait nécessaire (si toutefois il n'a pas fraudé le fisc du Pape) paiera
également 27 liv. 1 s.

3°. Si le fisc du Pape se trouve fraudé par cette omission, la taxe sera augmentée arbitrairement (1).

CHAPITRE XLV.

Des Eglises, des Fonts baptismaux, des Cimetières et des Chapelles.

1°. La licence de transférer une église paroissiale à un couvent coûte 109 liv. 4 s.

2°. Si la bulle permet d'employer l'église abandonnée à des usages profanes, 145 liv. 5 s.

3°. La permission d'élever des fonts baptismaux coûtera 87 liv. 3 s.

4°. Pour ériger une église collégiale, ou pour changer une paroisse en collégiale, 100 liv.

5°. L'érection d'un monastère ou d'une église paroissiale, 24 liv.

---

(1) Quoique je sois docteur en théologie, ce passage est si obscur, que j'ai bien de la peine à y comprendre quelque chose. Tout ce que j'y vois de net, c'est que le Pape continue à demander sa petite *paragoinſe.*

6°. Pour établir ou déplacer un cimetière, une chapelle, un oratoire, 43 liv. 11 s. 6 d.

7°. Si la bulle permet d'employer à des usages profanes les lieux saints qu'on abandonne, ce sera 87 liv. 3 s. — Si ces choses se font à la demande d'une communauté, la taxe se doublera.

8°. Pour transférer les reliques d'une ville, d'une paroisse à une autre, 33 liv. 13 s.

9°. La liberté de dire la messe, de célébrer les saints offices, d'enterrer les morts et d'administrer les sacremens (le jour de Pâques excepté), dans une église dépendante de la paroisse, coûtera 145 liv. 5 s.

10°. Si l'on veut aussi élever dans cette église des fonts baptismaux, ce sera 179 liv. 14 s.

11°. Pour célébrer la messe dans une chapelle non consacrée, 45 liv. 19 s. 6 d.

12°. La permission d'ériger une chapelle pour cet objet coûtera 62 liv. 10 s.

13°. Si le fondateur de la chapelle s'y réserve le droit de patronage pour lui et ses héritiers, il paiera 145 liv. 5 s.

ANNOTATIONS ET COMMENTAIRES.

— En lisant les articles 2 et 3 de ce chapitre, on ne peut s'empêcher de s'écrier : *quel trafic!* Le Pape prend de l'argent *pour bénir* des fonts baptismaux et *pour profaner* des lieux saints. — Sans le baptême on ne peut être chrétien, et sans argent on ne peut être baptisé : n'est-ce pas vendre la religion ?

— Les reliques ont été autrefois célèbres et très-vénérées, à cause des miracles qu'elles opéraient. Dieu n'en permet plus aujourd'hui, parce que nous sommes trop méchans, comme l'observent l'abbé Fiard dans ses *Lettres philosophiques*, et sœur Nativité dans ses *Révélations*.

Il y a pourtant bien peu de reliques qui soient authentiques. On montrait, il n'y a pas encore long-temps, du lait de la Sainte-Vierge, à l'église des Innocens à Paris, dans le trésor de Saint-Denis, etc. A Notre-Dame-en-Vaux, on exposait le prépuce de Jésus-Christ; ailleurs, le *han* de saint Joseph, un éternuement du Saint-Esprit, les langes où Jésus-Christ fut emmaillotté, des plumes de l'ange Gabriel, etc., etc., etc.

CHAPITRE XLVI.

Des Confréries.

— Les licences nécessaires pour établir une confrérie, avec droit d'avoir un autel portatif, un confessionnal pour les confrères des deux sexes, et permission de se faire enterrer dans des lieux interdits aux autres chrétiens, coûtent 438 liv. 15 s.

ANNOTATIONS ET COMMENTAIRES.

— Les confréries avaient originairement un but respectable : c'était de donner l'hospitalité aux pèlerins et aux voyageurs. — Tant d'abus si introduisirent, que le concile d'Orléans les prohiba.

Nous ne parlerons ici que de la confrérie des Flagellans. — Les flagellations en l'honneur des dieux étaient connues des Païens ; elles passèrent, on ne sait comment, dans le christianisme.

Au concile d'Elvire, on décida que, si une servante, fouettée par sa maîtresse, venait à mourir dans les trois jours qui suivraient la flagellation, la maîtresse serait excommuniée, comme coupable de meurtre.

Les Pères de l'Eglise autorisaient les coups de fouet pour les hérétiques ; et la plupart recommandaient la discipline aux prêtres et aux moines. Le grand saint Grégoire écrit à l'évêque Pascal d'administrer la discipline à ses ecclésiastiques, comme un petit médicament fort utile.

Dans certaines abbayes, la charge de l'aumônier était d'acheter des verges de bouleau et d'osier pour cet usage. Le monastère de Corbie en faisait de grandes consommations.

Les flagellations furent fort à la mode dans le onzième siècle, du temps de Pierre Damiens. Mathieu Pâris dit faussement que ce saint personnage introduisit la louable coutume de se fouetter dans l'Eglise pour plaire à Dieu ; car cette pratique remonte bien plus haut.

Quoi qu'il en soit, la confrérie des Flagellans prit une forme réglée, dans l'Italie, en 1260. Un historien du temps raconte qu'ils faisaient leurs processions absolument nus. Les prêtres marchaient en tête et en queue, et invitaient la bande à se bien fouetter. Les jeunes filles se disciplinaient en l'honneur de la Sainte-Vierge, et mettaient leurs fesses en sang pour éteindre la concupiscence charnelle qui les dévorait. — Les princes eurent bien de la peine à empêcher que cette manie ne devînt épidémique.

Cette secte paraissait oubliée, lorsqu'elle reparut, en Allemagne, en 1349. Une horde de ces fanatiques passa le Rhin et arriva à Spire ; ils se fouettèrent sur la place publique, en récitant le *miserere* ; après quoi, un des chefs fit lecture d'une lettre écrite par Jésus-Christ, et apportée par un ange dans l'église de Saint-Pierre de Jérusalem. Comme ces facéties ne produisirent que du scandale, Clément VI proscrivit les flagellans en 1414. Ils se réfugièrent en Misnie, ou l'Inquisition en fit brûler quatre-vingt-onze ; ce qui dispersa ces sectaires.

En 1566, le Cordelier Corneille d'Adriasem chercha à relever la confrérie des Flagellans. Il vint à Bruges, où il voulait exciter une petite persécution contre les hérétiques. Il traînait à sa suite une multitude de dévotes qu'il fouettait avec des fouets de cordes ; et quand, par grâce, il leur donnait la discipline à la fleur d'orange, il leur frappait doucement les cuisses et les fesses nues avec des verges d'osier ou de bouleau : l'effet de cette flagellation était si agréable, dit un historien belge, que les dévotes ainsi fouettées s'écriaient : *Encore, encore......*

Jacques-Auguste de Thou nous apprend que les Flagellans reparurent en France en 1574 ; que, malgré les représentations de Christophe de Thou et de Brulart, le Roi, à l'instigation d'un Jésuite et du nonce Castelli, autorisa ces confréries, et se mit lui-même avec ses mignons au nombre des confrères. Le cardinal de Lorraine, qui, par une bulle de Clément VII, avait obtenu, en 1543, pour lui et pour douze personnes de sa maison, absolution entière des crimes de sacrilége, homicide, inceste, sodomie, etc., assista avec le Roi à une procession des Flagellans, et mourut pour avoir exposé son postrême nu aux injures de l'air.

Le Bénédictin Maurice Poncet s'éleva contre les Flagellans. Il compara ces insensés, qui se fouettaient pour mortifier la chair, à des gens qui se couvriraient d'un sac mouillé pour se garantir de la pluie......

Les pénitens bleus de Bourges étaient un reste des Flagellans. — Sur le réquisitoire de l'avocat-général Servin, le parlement défendit, par arrêt de 1601, toutes réunions et processions de fouetteurs ; ce qui n'empêcha pas les Jésuites de continuer à fouetter leurs pénitentes. On voit, entre autres, dans *l'histoire de la magie en France*, de M. Jules Garinet, que le père Girard, qui ravissait la Cadière jusqu'au troisième ciel, donnait aussi le fouet à cette jeune agnelette. — Il y a encore en France des pénitens de plusieurs couleurs, qui n'ont plus la permission de se flageller en public.

CHAPITRE XLVII.

Des Dédicaces, des Messes, des Sépultures, des Prières.

1°. On ne peut changer le jour de la dédicace d'une église, ou la fête patronale d'un saint, qu'en payant 45 liv. 19 s. 6 d.

2°. Licence à un prêtre de dire la messe partout, pour la somme de 9 liv.

3°. Licence à un prêtre de dire toute sa vie deux messes payées par jour, pour la somme de 45 liv. 19 s. 6 d.

4°. Si un chapitre de chanoines, une congrégation de prêtres, une communauté religieuse, un collége , demandent ce privilége , la taxe est de 365 liv. 2 s. 6 d.

5°. Permission aux principaux magistrats d'une ville de faire dire la messe dans leurs chapelles , et d'y être enterrés s'ils le désirent , moyennant 100 liv.

6°. Pour avoir, en outre, un autel portatif, 31 liv. 1 s.

7°. Si le mari et la femme veulent être ensevelis dans le même tombeau , ils ajouteront 33 liv. 13 s.

8°. Si les enfans sont compris dans la demande , il faut joindre 4 liv. par tête.

9°. Permission à un prêtre de dire la messe avant le jour, pour la somme de 42 liv. 19 s. 6 d.

10°. La permission de prêcher les indulgences sans mission particulière se vend 27 liv. 1 s.

11°. Celui qui voudra dire ses Heures dans le bréviaire d'un autre diocèse que le sien pourra en faire à son gré , s'il paye à la sainte chancellerie 27 liv. 1 s.

12°. Les prêtres séculiers qui voudront suivre le rituel romain dans leurs prières , paieront également 27 liv. 1 s.

13°. Mais les réguliers sont taxés à 33 liv. 13 s.

14°. Celui qui voudra dire ses Heures à

rebours, et mettre avant ce qui est après et après ce qui est avant, pourra satisfaire son caprice, pour la même somme de 33 liv. 13 s.

15°. Le prêtre qui voudra dire ses Heures, tantôt selon le rituel romain, tantôt selon d'autres rituels à son choix, pourra suivre sa fantaisie, pour la somme de 42 liv. 19 s. 6 d.

16°. Si un couvent ou chapitre demande la permission de dire ses Heures à rebours, comme de réciter vêpres avant matines, la taxe sera de 218 liv. 17 s. 6 d.

CHAPITRE XLVIII.

Des Testamens, pour les gens d'église.

1°. Un ecclésiastique séculier qui voudra tester et disposer de ses biens, en achètera la permission 45 liv. 19 s. 6 d.

2°. Un ecclésiastique régulier aura la même licence (pourvu qu'il ne dispose pas de ce qui appartient au monastère), pour la somme de 87 liv. 3 s.

3°. Un évêque titulaire ne testera et ne disposera de ses biens qu'en payant à la sainte chancellerie du Pape 131 liv. 14 s. 6 d.

4°. Un évêque *in partibus* paiera 177 liv. 6 s.

5°. Un abbé ou un prieur de moines, 131 liv. 14 s. 6 d.

6°. Un protonotaire apostolique, 70 liv. 12 s. 6 d.

ANNOTATIONS ET COMMENTAIRES.

— Les canonistes décident qu'une personne sous la puissance d'autrui ne peut tester. C'est une maxime ultra-féodale. Les serfs de la glèbe ne testaient point, parce qu'ils étaient sous la puissance des seigneurs. Les membres du clergé sont sous la puissance du Pape : *ergò* ils ne peuvent tester sans passer par la sainte chancellerie.

CHAPITRE XLIX.

De la Confession.

1°. Toute personne qui voudra avoir, hors de sa paroisse, un confesseur à son choix, paiera 27 liv. 1 s.

2°. Si la femme et le mari veulent accorder leur confiance à ce même confesseur, ils paieront ensemble 29 liv. 5 s.

3°. Si les enfans et d'autres parens sont compris dans la demande, la taxe augmentera de 4 liv. par tête.

4°. Pour un chapitre, une confrérie, une communauté, qui voudra avoir un confesseur à son choix, la taxe sera arbitraire, et selon la qualité des personnes.

5°. Un moine qui demandera la licence de se choisir un confesseur, avec la permission de son supérieur, paiera 27 liv. 1 s.

6°. Et sans la permission de son supérieur, 45 liv. 19 s. 6 d.

7°. Un moine qui voudra sortir de son monastère pour se confesser paiera 6 liv.

ANNOTATIONS ET COMMENTAIRES.

— On voit par ces articles que, pour avoir un confesseur de confiance à poste fixe, et pouvoir dire ses péchés à un beau confessional, il faut se soumettre à la taxe de la boutique du Pape.

Saint Jacques nous conseille de confesser nos péchés les uns aux autres. Ce qui était bon du temps de saint Jacques n'est plus bon aujourd'hui. On ne doit se confesser qu'à son curé ; et il n'est permis à un diacre même d'entendre une confession que dans les cas urgens où il est tout-à-fait impossible de se procurer un prêtre.

CHAPITRE L.

De l'Abstinence, de la Translation des morts, etc.

1°. UNE personne qui voudra manger du laitage en temps prohibé paiera 27 liv. 1 s.

2°. Pour toute une famille on donnera 45 liv. 19 s. 6 d.

3°. Plusieurs personnes vivant ensemble paieront également 45 liv. 19 s. 6 d.

4°. Si la permission de manger du laitage est demandée par un chapitre, couvent, collége, congrégation ou communauté, et qu'on veuille une dispense perpétuelle, la taxe sera arbitraire.

5°. Mais si c'est pour une ville et son territoire, avec les prêtres, les moines et les religieuses qu'elle renferme, la taxe sera de 731 liv. 10 s. — Il faut avoir égard cependant à la population de la ville, car, pour une grande cité, la taxe ne serait pas assez forte.

6°. Une communauté, placée dans un pays

froid, où le poisson et l'huile d'olives ne seraient pas d'un usage commun, pourra manger perpétuellement du laitage dans les temps
prohibés, moyennant la somme une fois payée
de 365 liv, 2 s. 6 d.

7°. Le bénéficier qui aimera le séjour des
grandes villes, et qui voudra percevoir les fruits
de ses bénéfices sans y résider, pourra le faire
moyennant la taxe de 33 liv. 13 s.

8°. La permission de transférer d'un lieu à
un autre les os d'un cadavre coûtera 27 liv. 1 s.

9°. S'il y a plusieurs cadavres de la même
famille, chaque cadavre paiera la taxe......

10°. Un archidiacre qui ne se soucie pas de
se déplacer peut faire ses visites par procureur,
en payant la taxe de 131 liv. 14 s. 6 d.

11°. Pour pouvoir cumuler des bénéfices,
ou jouir sans être prêtre d'un bénéfice spécia-
lement affecté aux prêtres, on paiera 45 liv.
19 s. 6 d.

12°. La permission de porter une fois dans
l'année l'ostensoir qui contient le corps de Jésus-Christ, coûtera 45 liv. 19 s. 6 d. — On le
portera deux fois pour 73 liv. 16 s. 6 d. —
Trois fois pour 106 liv. 1 s. 6 d. — Quatre
fois pour 156 liv. 15 s. 6 d. — Cinq fois pour
177 liv. 6 s. — Six fois pour 221 liv. 15 s,

6 d. — Au-delà, la taxe n'augmentera que de
10 liv. pour chaque fois que l'on voudra porter le corps de Jésus-Christ.

ANNOTATIONS ET COMMENTAIRES.

— On est bien convaincu, je pense, par les
articles 8 et 9, que l'Eglise, qui prend l'homme
avant sa naissance, le suit encore après qu'il
n'est plus... pour avoir son argent.

— Pour l'intelligence de l'article 10, il faut
observer que les archidiacres étaient anciennement les administrateurs des biens ecclésiastiques, et qu'ils avaient droit d'inspection sur
les brigandages qui se commettaient dans l'E-
glise, aussi-bien que sur les mœurs du clergé.
Quand la discipline se fut relâchée, les archidiacres firent faire leurs visites par des délé-
gués : aussi vont-ils en Paradis par délégation.

— Le douzième article a rapport à la Fête-
Dieu, que le pape Urbain IV institua pour
prouver aux hérétiques, qui niaient la présence
réelle, que Dieu pouvait se promener dans les
rues. Un canoniste recommande aux sacris-
tains et bédeaux de paroisse de bien examiner
s'il n'y a point de trous aux tabernacles qui re-
cèlent les précieuses espèces, parce que les

souris pourraient les manger ; ce qui est un
sacrilége, pour lequel malheureusement on ne
savait à qui s'en prendre, et qu'on n'expiait
qu'en excommuniant les souris, dans ces bons
temps où l'on brûlait les sacriléges.

CHAPITRE LI.

De la Contrebande.

1°. Pour importer des marchandises dans
les pays des Infidèles, pour trafiquer avec les
ennemis de la religion, pour faire le commerce
en pays étranger, sans la permission du prince
dont on est sujet, on paiera la taxe de 87 liv.
3 s.

2°. Pour importer du blé ou d'autres
grains dans les pays infidèles, jusqu'à la con-
currence de trois mille sacs, 179 liv. 14 s.

ANNOTATIONS ET COMMENTAIRES.

— Les papes ont rêvé la monarchie univer-
selle ; ils y songent sans doute encore ; et c'est
pour la posséder qu'ils enseignent une doctrine si opposée à l'Ecriture. On voit par-tout,
dans l'Evangile, que Jésus-Christ et ses apô-

tres se soumettaient et prêchaient la soumission aux princes : les canonistes soutiennent
que le Pape est au-dessus des empereurs et de
tous les monarques de la terre ; qu'il peut
déposer les souverains, de sa propre autorité, et sans consulter un concile; qu'il est permis de tuer un prince excommunié , etc. —
Le premier article de ce chapitre suffit pour
prouver que le Pape se croit maître de la terre,
puisqu'il exempte les sujets de l'obéissance
qu'ils doivent à leur prince , et qu'il les met,
moyennant sa taxe , au-dessus des lois de leur
pays.

CHAPITRE LII.

Des Bénédictions ; des Clercs méde-cins, Avocats ou Juges ; des fausses Signatures.

1°. Un vicaire qui voudra bénir , en l'absence de l'évêque, les ornemens ecclésiastiques
(à l'exception des calices, corporaux et pa-
tènes), paiera la taxe de 179 liv. 14 s.

2°. Un abbé qui demandera la même licence
dans son abbaye, paiera 146 liv. 5 s,

3°. S'il demande cette permission pour lui et ses successeurs, ce sera 731 liv. 5 s.

4°. Un clerc séculier qui voudra être médecin paiera 106 liv. 1 s. 6 d.

5°. Pour être absous des médicamens qu'il a donnés sans permission, 131 liv. 14 s. 6 d.

6°. Un évêque paiera, pour le même objet, 179 liv. 14 s.

7°. Un prêtre qui aurait fait quelque malheur en exerçant la médecine sans la savoir, et qui voudrait pourtant l'exercer à l'avenir, le pourra moyennant 146 liv. 5 s.

8°. Un clerc séculier qui voudra étudier les lois sera soumis à la taxe de 33 liv. 13 s.

9°. Un régulier qui voudra étudier la jurisprudence dans son couvent, paiera 45 liv. 19 s. 6 d.

10°. S'il veut faire, hors du couvent, le cours ordinaire de sept années, sans permission de ses supérieurs, il paiera à la sainte chancellerie du Pape 63 liv. 14 s.

11°. S'il veut en même temps prêcher et desservir un bénéfice, ce sera 86 liv. 11 s.

12°. Un ecclésiastique séculier qui veut être avocat ou procureur, doit payer une dispense de 106 liv. 1 s. 6 d.

13°. S'il a exercé ces charges par le passé

et sans licence, il en aura l'absolution, avec permission de les continuer, en déboursant 151 liv. 14 s. 6 d.

14°. Un ecclésiastique qui veut siéger comme juge dans les affaires civiles, paiera 87 liv. 3 s.

15°. Dans les causes criminelles, on ajoutera 57 liv.

16°. Un ecclésiastique qui veut être notaire, doit payer 45 liv. 19 s. 6 d.

17°. On pourra changer son nom propre en tout autre que l'on préférera, moyennant 33 liv. 13 s.

18°. On pourra changer ses surnoms et sa signature, en soldant 27 liv. 1 s.

ANNOTATIONS ET COMMENTAIRES.

— Le vœu de l'Eglise était que les clercs ne se mêlassent d'aucune affaire temporelle ; et il y a sur cette matière un titre tout particulier dans les Décrétales : — *Que les ecclésiastiques réguliers ou séculiers soient étrangers à toute affaire qui ne regarde pas l'Eglise.* Cependant le monde a été gouverné par les prêtres ; et tout en prêchant l'obéissance aux lois de l'Eglise, ils y contreviennent en ce point comme en mille autres. — Aujourd'hui même il y a encore, dit-on, des conseillers clercs en France: à quoi servent-ils ?

— M. *Merda*, clerc de Saint — Sulpice, a été autorisé, par ordonnance de l'année 1818, à changer son nom propre en celui de *Lesueur*. Paiera-t-il la taxe de l'article 17 ? et souffrira-t-on qu'il la paie ?

— L'article 18 permet de changer sa signature, pourvu qu'on paye au Pape 27 liv. 1 s. Un Français qui changerait sa signature, et qui ferait ce que les mondains appellent un *faux*, sans autre permission que celle du Pape, s'exposerait à obtenir du service sur nos galères.

CHAPITRE LIII.

Diverses Matières.

1°. LA permission de consacrer de nouveau une église ou un cimetière, coûtera 45 liv. 19 s. 6 d.

2°. Pour un enfant de douze ans, qu'on voudra faire chanoine dans une cathédrale, nonobstant toute règle à ce contraire, 45 liv. 19 s. 6 d.

3°. Pour un enfant de treize ans, la taxe ne sera que de 27 liv. 1 s.

4°. Pour pouvoir dire la messe en grec chez les Grecs, et en latin chez les Latins, 33 liv. 13 s.

5°. Celui qui voudra visiter le saint Sépulcre n'obtiendra toutes les indulgences qui s'y accordent qu'en payant 16 liv. 18 s. 6 d.

6°. Un évêque qui voudra différer la cérémonie de son sacre, paiera 106 liv. 1 s. 6 d.

7°. S'il demande un terme de sept ans pour s'y décider, il ajoutera 33 liv. 13 s.

8°. Un prêtre qui voudra célébrer la messe sans se découvrir la tête, paiera 45 liv. 19 s. 6 d.

9°. Pour un évêque ou un abbé, ce sera 87 liv. 3 s.

10°. Un évêque qui ne se soucie pas de résider dans son diocèse, séjournera où il voudra, en versant dans la caisse du Pape 63 liv. 14 s.

11°. Pour posséder, sous le même titre, deux bénéfices d'espèce différente, 45 liv. 19 s. 6 d.

12°. Un évêque qui veut s'exempter de faire le voyage de Rome pour visiter les tombeaux des saints apôtres Pierre et Paul, à cause de la distance des lieux, paiera 87 liv. 3 s., s'il a l'intention de faire un jour ce pèlerinage.

13°. S'il veut s'en exempter tout-à-fait, il déboursera 179 liv. 14 s.

14°. Le bâtard d'un prêtre ou d'un laïc pourra être compris dans le testament de son père, et toucher la donation qui lui sera léguée, lorsqu'il aura payé 45 liv. 19 s. 6 d.

15°. Le fils d'un moine ne pourra être compris dans le testament de son père qu'en payant 87 liv. 3 s.

16°. Celui qui voudra, pendant cinq ans, pêcher du poisson les jours de dimanches et de fêtes, dans l'intention de consacrer à des œuvres charitables l'argent qu'il en pourra retirer, commencera par payer au Pape 45 liv. 19 s. 6 d.

17°. Si cette demande est faite par un couvent, une confrérie, ou une communauté quelconque, la taxe sera de 158 liv. 13 s.

18°. Si les chanoines d'une cathédrale veulent contribuer à la réparation des édifices de leur ville, ils auront cette licence pour la somme de 87 liv. 3 s.

ANNOTATIONS ET COMMENTAIRES.

— Sur l'article 10. — Les premiers canons obligeaient les évêques à la résidence. Comme on les exempta de toute pudeur, on les exempta aussi de tout devoir. *Autrefois* ils figuraient dans les intrigues de cour, dans les aventures galantes ; et pour n'en nommer qu'un seul, l'illustre évêque d'Orléans, M. de Jarente, qui tenait la feuille des bénéfices, était à poste assez fixe chez mademoiselle Guimard de l'Opéra.

— Sur l'article 12. — Notez bien que saint Pierre n'est jamais allé à Rome. Comment a-t-il pu y être enterré ? par miracle, sans doute ; comme saint André en Russie, saint Jacques en Espagne, saint Denis l'Aréopagite à Paris, la comtesse Magdeleine et le marquis d'Emmaüs en Provence, etc.

— On voit par les articles 16 et 17 que, loin de contribuer aux œuvres charitables, comme le rachat des captifs, l'amélioration des hôpitaux, etc., le Pape demandait de l'argent à ceux qui consacraient le fruit de leurs sueurs à ces saints usages.

— Sur l'article 18, on a sans doute observé que le Pape ne veut absolument pas que les gens de sa milice contribuent en rien aux charges de leur pays. Un prêtre qui voulait faire le bien devait en acheter la permission : aussi ne se pressait-il pas.

CHAPITRE LIV.

Suite.

1°. Celui qui voudra adopter quelqu'un et le faire son légataire universel, paiera une dispense de 45 liv. 19 s. 6 d.

2°. Un gentilhomme qui voudra manger en famille la chair de quelque animal tué par des Sarrazins, paiera 106 liv. 1 s. 6 d., pour tous les cas où il lui prendra la même envie.....

3o. Une femme honnête qui voudra entrer quelquefois dans un couvent d'hommes, pourra le faire, accompagnée de trois ou quatre personnes de son sexe, et en payant la taxe de 45 liv. 19 s. 6 d.

4°. Un père qui voudra mettre sa fille au couvent pour qu'elle soit imbue des bons principes, doit payer au Pape, 45 liv. 19 s. 6 d.

5°. Celui qui recevra l'ordre du Christ ou tout autre, paiera au Pape 106 liv. 1 s. 6 d.

6°. Un homme marié qui sera contrit de n'avoir pas gardé le célibat, et qui voudra endosser l'uniforme de capucin, pourra le faire librement, pour la somme de 43 liv 19 s. 6 d.

7°. En recevant l'habit de chevalier de Saint-Jacques-de-l'Épée, 218 liv. 17 s. 6 d.

8°. Une femme qui veut être chevalière du même ordre, doit payer 146 liv. 5 s.

9°. Un chevalier de Saint-Jacques qui voudra, contre les statuts de son ordre, se marier avec une veuve, paiera 45 liv. 19 s. 6 d.

10°. Un moine qui voudra confesser les nonnes d'un autre ordre que le sien, paiera à la sainte chancellerie 57 liv. 2 s.

11°. Un bon prédicateur aura la permission de prêcher par-tout où il voudra, pour la somme de 131 liv. 14 s. 6 d.

12°. Et si la bulle accorde certains jours d'indulgence à ceux qui assisteront au sermon, le prédicateur paiera 146 liv. 5 s.

13°. Un ecclésiastique qui voudra prendre les degrés de docteur en quelque faculté, paiera, s'il a la permission de ses supérieurs, 45 liv. 19 s. 6 d., — et sans cette permission, 63 liv. 14 s.

14°. Une abbesse qui voudra visiter elle-même les fermes, métairies et autres dépendances de son abbaye, pourra le faire, pourvu qu'elle sorte accompagnée de trois ou quatre religieuses, et qu'elle débourse, au profit du Pape, 87 liv. 3 s.

8

15°. Un Cordelier de la stricte observance qui voudra recevoir, par procureur, l'argent qu'il aura pu gagner par son industrie, et le placer à bons intérêts au profit de ses neveux, pourra en faire à son gré, moyennant la taxe de 45 liv. 19 s. 6 d.

16°. Un ecclésiastique régulier qui voudra porter des chemises et coucher dans des draps, paiera 43 liv. 19 s. 6 d. pour la dispense.

17°. Une religieuse qui voudra *s'assurer*, pour n'être pas transférée dans un ordre plus rigoureux que celui qu'elle a choisi, paiera 45 liv. 19 s. 6 d.

18°. Si un monastère demande à vivre dans une austérité plus grande que par le passé, sans changer de supérieur, il paiera pour la bulle 146 liv. 5 s.

19°. Un moine ou une nonne qui voudra changer de maison, sans changer d'ordre, paiera 57 liv. 2 s. — Si on passe d'un ordre plus doux à un ordre plus sévère, ce ne sera que 45 liv. 19 s. 6 d.

20°. Si tout un monastère demande à changer d'ordre, la taxe sera de 179 liv. 14 s.

21°. Si c'est pour suivre un ordre plus sévère et dont les offices soient plus longs, on ne paiera que 87 liv. 3 s.

22°. Si l'on veut passer d'un monastère dans un autre, absolument du même ordre, du même habit, de la même règle, et dans la même province, la taxe ne sera que de 16 liv. 18 s. 6 d.

23°. Si, en passant dans un autre monastère, on y emporte sa dot, ses revenus, ses ustensils de cuisine, on ajoutera 6 liv. à la taxe du Pape.

24°. Celui qui voudra passer sa vie dans un ermitage versera dans la caisse de la sainte chancellerie 45 liv. 19 s. 6 d.

25°. Un apostat vagabond qui voudra rentrer au bercail, aura l'absolution pour la somme de 45 liv. 19 s. 6 d.

26°. Un religieux qui voudra se déguiser pour n'être pas reconnu, pourra cacher son habit, moyennant dispense de 45 liv. 19 s. 6 d.

ANNOTATIONS ET COMMENTAIRES.

— L'article 1er de ce chapitre est contraire à toutes les lois naturelles. On ne peut disposer de ses biens en faveur de l'adopté sans faire tort aux héritiers du sang. Cet article du tarif montre autant d'ignorance que de rapacité.

— On ne sait comment l'article 2 se trouve dans la taxe. Apparemment que le Pape veut parler des étrangers qui viennent sur les côtes vendre du poisson et du gibier, et dont quelques-uns ne sont pas catholiques.

—Sur l'article 6. —On ne doit pas s'étonner de voir un article qui vendait aux mondains la permission d'endosser l'habit de saint François. Ce fut long-temps la mode de mourir et d'être enterré dans ce costume, parce que les moines assuraient qu'en faisant sa ronde en purgatoire, le saint patriarche François accrochait chaque année à son cordon les âmes vêtues d'un habit de capucin, et remontait avec elles en paradis.

— Sur l'article 10, qui permet à un religieux de confesser les nonnes d'un autre ordre que le sien. — Cette licence a rapporté beaucoup d'argent ; souvent elle a été mise à l'enchère. En l'année 1698, le père Romillon la paya 600 liv. ; et plus près de nous, le père Théodore trouva moyen de faire payer 1200 liv. aux Visitandines, qui voulaient l'avoir pour diriger leurs consciences.

— Sur les articles 11 et 12. — Les apôtres se glorifiaient de n'avoir fait aucun trafic de la parole de Dieu. Le Pape, moins scrupuleux, taxe les prédicateurs, et lève des impôts jusque sur les paroles qui peuvent ramener les âmes à Jésus-Christ......

— Sur l'article 13. — Les priviléges des docteurs étaient considérables , et conséquemment le bonnet très-recherché. On n'était pas d'accord sur le temps d'études nécessaire pour prendre le bonnet ; mais celui qui avait de l'argent obtenait sans peine dispense d'esprit et de science : c'est ce qui arrivait presque toujoursen Sorbonne.

—Sur l'article 14.—Les conciles défendaient aux abbesses de sortir de leur couvent sans cause très-urgente. Le Pape le permettait à tout propos , moyennant argent ; et si l'on en croit l'abbé Simonnet , dans sa *Réalité de la Magie et des Apparitions* , l'Assemblée nationale, qui supprima les monastères et fit évacuer les religieuses , est redevable d'une grosse somme à la sainte chancellerie du Pape.

— L'article 15 offrait aux Cordeliers un moyen commode d'avantager leurs bâtards. Les neveux de Cordelier ressemblent beaucoup aux nièces de curé ; mais personne ne s'y trompe.

— Sur l'article 26. — Les conciles excommunient tout religieux qui quitte son habit. Escobar examine cette question , et il soutient qu'on peut quitter son froc sans péché , par exemple, pour mieux courir et pour danser plus légèrement. Il n'y a point de mal , ajoute-t-il , à quitter l'habit religieux, pour le reprendre ensuite, lorsqu'on veut aller voler ou forniquer : c'est, au contraire, une preuve qu'on le respecte. Diana décide de même, surtout pour les cas où l'on veut fréquenter les mauvais lieux (1). Qu'on ne soit pas surpris de cette doctrine : c'est celle du Pape et de la cour de Rome, puisqu'elle est consacrée par le dernier article de ce long chapitre.

CHAPITRE LV.

Des Enfans d'hérétiques exécutés.

1°. LE fils d'un hérétique brûlé, ou exécuté de quelque autre sorte, ne pourra être réhabilité et obtenir une *maranie* en bonne forme qu'en payant, s'il est clerc, 218 liv. 17 s. 6 d.

2°. S'il est laïc, il ne paiera que 146 liv. 5 s.

3°. Il faudra en outre, dans l'un et l'autre cas, appointer avec les officiers de la chancellerie apostolique, à moins que le siége ne soit vacant. Dans une telle circonstance, l'enfant d'hérétique, qu'il soit ecclésiastique ou laïc, ajoutera 20 liv. à la taxe sus-énoncée.

---

(1) *Ut eat incognitus ad Lupanar.*

4°. Quand la *maranie* n'est pas concédée en ample forme, mais seulement à l'effet de pouvoir exercer un emploi dont le suppliant puisse vivre, et dont il ait déjà la connaissance ; ou même s'il est prêtre au moment où ses parens sont brûlés, et qu'il veuille continuer à dire la messe, la taxe n'est que de 45 liv. 19 s. 6 d.

5°. Si la *maranie* permet d'exercer la médecine ou la profession d'avocat, ou quelque autre semblable, on ajoutera 24 liv.

ANNOTATIONS ET COMMENTAIRES.

— *Maranie* est un mot qui vient des Espagnols. Ils appelaient *maranes*, en terme de mépris, les descendans des Maures, et par abus, tous ceux qu'ils ne trouvaient pas bons catholiques. Cette *maranie* n'est autre chose qu'une réhabilitation ; elle n'a guère lieu qu'en Espagne. C'est une des queues de cet hydre inquisitorial qui tourmente les enfans après avoir brûlé le père.

— Il y a, dans la justice ecclésiastique, un principe sur lequel tous les canonistes ultramontains sont d'accord : c'est que la peine n'est pas personnelle au coupable, mais qu'elle doit s'étendre sur sa famille et sur tous ses parens,

fussent-ils d'une innocence reconnue et de la
vertu la plus pure. C'est pourquoi les enfans de
ceux qui sont exécutés pour hérésie sont déclarés incapables de posséder aucune charge ,
de porter l'habit religieux, de monter à cheval , etc., à moins qu'ils ne versent dans la
caisse du Pape de quoi expier la tache que leur
laisse l'hérésie de leurs parens brûlés.

CHAPITRE LVI (1).

Encore les Estropiés.

1°. Celui qui aura été éborgné, pourvu
que ce ne soit pas tout-à-fait par sa faute ,
pourra être chanoine ou prébendier , moyennant 6 liv. 8 s,

2°. Celui qui se sera coupé trois doigts ,
par sa faute , et qui voudra recevoir les ordres
mineurs et posséder des bénéfices, paiera 20 liv.
On n'en payait autrefois que 14, mais c'est plus
cher à présent.

3°. Pour que celui qui a perdu un œil, par

(1) Les chapitres qui suivent ne se trouvent ni dans
l'édition de Dupinet, ni dans les éditions ordinaires.

suite de maladie, puisse recevoir tous les ordres, il faut débourser, 6 liv. 8 s.

4°. Pour être évêque, malgré qu'on ait les yeux louches ou défectueux, on paiera 4 liv.

5°. Un homme qui se sera coupé deux doigts par *simplicité*, et qui voudra recevoir les ordres sacrés, n'en sera quitte que pour la somme de 6 liv.

6°. Un prêtre qui se coupe les génitoires est obligé de payer une dispense de 6 liv. 8 s.

ANNOTATIONS ET COMMENTAIRES.

— On a vu, au chapitre VI, que l'ecclésiastique qui a perdu les testicules doit payer 27 liv. 1 s. Ici celui qui se les coupe n'est tenu de verser que 6 liv. 8 sols... Est-on plus coupable lorsqu'on a le malheur d'être estropié par le hasard ou par des causes étrangères, que lorsqu'on détruit soi-même, et sur soi, l'ouvrage du Créateur?..... On ne trouve qu'erreurs, inconséquences, contradictions, dans cette œuvre de ténèbres. Ces taxes sont pourtant l'ouvrage des papes, et on dit les papes infaillibles...,.

CHAPITRE LVII.

Des Absolutions.

1°. L'ABSOLUTION générale est taxée à 6 liv. 8 s. par le livre du pape Jean XXII.

2°. Si l'on veut absoudre plusieurs personnes à la fois, la première paie la taxe : pour les autres, on ajoute 16 s. par tête.

3°. L'absolution d'un pécheur, qu'il soit en bonne santé ou à l'article de la mort, coûte 10 liv.

4°. L'absolution, pour une confrérie, à l'article de la mort, est de 20 liv.

5°. L'absolution à l'article de la mort, pour tous ceux qui contribuent à l'entretien et aux réparations d'un monastère, coûte 16 liv.

6°. L'absolution, pour un souverain qui a fait, avec ses officiers, le pèlerinage du saint Sépulcre sans la permission du Pape, coûte 40 liv.

7°. Et si, dans cette absolution, on comprend un camp, une ville, ou quelque autre communauté, il faut ajouter 80 liv.

ANNOTATIONS ET COMMENTAIRES.

— Comme tout cela s'accorde bien ! L'article 3 taxe à 10 liv. l'absolution de tout pécheur ; l'article 5 en exige 16 pour l'absolution des âmes bénignes qui contribuent à l'entretien des monastères...... Quel encouragement pour les dévots ! et n'est-ce pas leur dire qu'ils sont les plus faciles à duper ?... Mais comment a-t-on osé faire des variantes dans ces absolutions, puisque l'article 1er taxe l'absolution générale à 6 liv. 8 s. , conformément au livre de Jean XXII ; puisqu'on voit, par l'article 2, qu'en s'associant quelques amis , on peut, au moyen des remises annoncées, se faire absoudre pour 20 ou 25 s. ?..... Ces choses-là sont inconcevables.

Nous ne dirons rien de l'article 6 , qui regarde les souverains. Dans le bon temps, un roi ne pouvait pas même faire décemment un pèlerinage sans la permission du Pape.

CHAPITRE LVIII.

Encore les Absolutions.

1°. L'ABSOLUTION, pour un ecclésiastique qui a commis un homicide, qui a coupé quelque bras ou quelque jambe, en un mot, qui a tué ou mutilé, coûte 14 liv., si l'on y joint la permission de posséder des bénéfices.

2°. L'absolution simple de meurtre ou de mutilation, sans dispense, ne coûte que 4 liv. 8 s. (1).

3°. L'absolution d'un ecclésiastique qui s'est trouvé à la guerre, ou qui s'est employé à poursuivre et à prendre des malfaiteurs condamnés à mort, c'est-à-dire, qui a fait l'office de gendarme, est taxée à 12 liv.

4°. L'absolution, pour un clerc ultramontain qui a pris les ordres hors de l'Italie, est taxée à 6 liv. 16 s.

5°. L'absolution, pour celui qui connaît

---

(1) Ces deux articles ne sont pas d'accord avec ce qu'on a vu au chapitre *des Mutilations*. Mais les papes ne sont pas plus conséquens que leurs ouailles.

charnellement sa mère, sa sœur, ou quelque autre parente ou alliée, ou sa commère de baptême, est taxée à 2 liv.... (1).

6°. L'absolution, pour celui qui déflore une jeune vierge, est taxée à 2 liv. 8 s.

7°. L'absolution d'un chanoine qui aura donné sa voix pour l'élection d'un évêque indigne, est taxée à 6 liv. 16 s.

8°. Un prêtre qui s'est emparé de l'argent et des biens d'une église, et qui ne veut pas les restituer, quoiqu'on l'en avertisse en forme, peut être absous pour 2 liv. 16 s.

9°. L'absolution d'un confesseur qui révèle les confessions de ses pénitens et pénitentes, est taxée également à 2 liv. 16 s.

10°. L'absolution, pour celui qui a tué son père, sa mère, son frère, sa sœur, sa femme, ou quelque autre parent ou allié, pourvu que ce soit un laïc, est taxée à 5 liv. 4 s. (2).

Mais si le mort est ecclésiastique, l'homicide sera obligé de faire le pèlerinage de Rome...

---

(1) Le chapitre xxx, *des Péchés de la chair*, est bien plus sévère que celui-ci. Mais on dit qu'ils n'ont pas été faits par le même pape.

(2) Le chapitre *du Parricide* le taxe à 17 liv. 14 s. Celui-ci est plus bénin.

11°. L'absolution, pour un mari et une femme qui trouvent leur enfant mort entre eux deux dans le lit, est taxée à 2 liv. 8 s., *par tête*.....

12°. L'absolution, pour un mari qui bat sa femme, assez rudement pour qu'il en survienne un avortement ou une fausse-couche, est taxée à 3 liv. 4 s.

13°. L'absolution d'un mort excommunié, dont les parens sollicitent l'enterrement (1), revient à 14 liv. 2 s. 6 d.

14°. L'absolution d'un homme qui s'est donné la mort, ou d'une femme qui s'est pendue, et que l'on veut enterrer en terre sainte, coûte également 14 liv. 2 s. 6. d.

CHAPITRE LIX.

Du Trafic dans les églises.

— La permission de dresser des boutiques de marchands, et de vendre des objets de débit, dans le portique d'une église, coûte 45 liv. 19 s. 6 d.

---

(1) Comme on a fait pour Molière.

ANNOTATIONS ET COMMENTAIRES.

— Le vicaire de Jésus-Christ dresse dans la maison de Dieu les tables des marchands et des changeurs que Jésus-Christ avait renversées; le vicaire de Jésus-Christ rétablit dans le temple ceux que Jésus-Christ en avait chassés. Les papes ne sont-ils donc pas chrétiens?

Jésus-Christ avait raison (dit l'auteur de la banque du Pape) de bannir tout trafic de la maison de Dieu, qui est une maison de prières. Mais le Pape a raison aussi de le rétablir, puisqu'il est le premier banquier de la chrétienté, et que ses églises sont des lieux de trafic où tout se vend, où tout s'achète.

CHAPITRE LX.

Des Exemptions.

1°. Des frères mineurs qui veulent n'être pas soumis à leur provincial, en achètent la licence en cour de Rome , pour la somme de 12 liv.

2°. Un abbé, un couvent, une congrégation qui veulent n'être pas soumis à leur évêque, paient cette licence 20 liv.

3°. Un monastère de filles qui veut n'être

soumis à personne, peut se donner cette licence moyennant la somme de 12 liv. une fois payée, et une redevance annuelle d'une livre de cire pour l'usage du Saint-Siége.

4°. Un évêque qui veut être exempt toute sa vie de la juridiction de son métropolitain, paie 12 liv.

5°. Un curé qui veut être exempt de la juridiction de son évêque, avec qui il a des différens, paie 8 liv.

6°. Une personne qui veut être dispensée de payer toute sorte d'impôts, peut avoir cette licence pour la modique somme de 12 liv.

CHAPITRE LXI.

De quelques Indults, Dispenses de jeûne, etc.

1°. DEUX courtiers de bénéfices qui veulent rompre leur marché et reprendre chacun sa marchandise, paieront 9 liv. 12 s.

2°. L'appel au bras séculier est taxé à 6 liv. 8 s.

3°. Les bourguemestres, consuls, échevins, ou autres officiers d'une ville, qui veulent se servir de cire rouge pour sceller leurs expéditions, lorsqu'ils avaient coutume d'employer la cire verte, doivent payer au Pape la somme de 20 liv.

4°. La permission de visiter le saint Sépulcre, pour un laïc qui se fait accompagner de deux valets, est taxée à 6 liv. 8 s.

5°. S'il mène plusieurs personnes à sa suite, on ajoutera 8 s. par tête.

6°. Une société qui possède des biens mal acquis, peut les garder, en payant au Pape la taxe de 40 liv.

7°. Un riche qui possède des biens mal acquis doit payer 20 liv. — Un pauvre homme, dans le même cas, ne versera que 8 liv.

8°. Une duchesse sera exempte, ainsi que sa famille, de l'excommunication encourue par son mari, pour avoir suivi le parti de quelque anti-pape, moyennant la modique somme de 8 liv.

9°. Un laïc qui voudra manger du fromage et ne pas jeûner aux jours marqués par l'Église, paiera également 8 liv.

10°. Un comte et tout autre noble qui voudra, par mesure de santé, manger de la viande et des œufs aux jours défendus, paiera 4 liv. 16 s.

11°. S'il veut que ses domestiques en fassent autant, il ajoutera 8 s. par tête.

12°. Un roturier qui voudra manger de la viande aux jours défendus, paiera 6 liv. 8 s.

9

13°. Des laïcs qui veulent se marier hors les temps permis, doivent payer 8 liv.

14°. Des religieuses qui veulent jouir des priviléges, *comme les autres*, le pourront moyennant la taxe de 24 liv.

15°. Pour que des ermites soient exempts de payer la dîme des terres qu'ils cultivent eux-mêmes, ils doivent verser 8 liv.

ANNOTATIONS ET COMMENTAIRES.

— L'article 2 porte à 6 liv. 8 s. la permission de recourir au bras séculier. Selon la doctrine des papes et des ultramontains, toutes les causes ne devraient être jugées que par des ecclésiastiques, comme tout est jugé en Espagne par l'Inquisition. Mais comme les prêtres n'ont que le pouvoir de condamner aux peines canoniques, et non à la peine de mort, il faut recommander le coupable aux juges profanes, qui ordonnent le supplice et le font exécuter.

En France, on n'a pas besoin de la permission du Pape pour recourir au bras séculier. On est devenu si irrévérencieux, que les juges ordinaires prononcent sur les causes des ecclésiastiques mêmes, et qu'il n'est plus permis à l'Église de brûler les hérétiques.

CHAPITRE LXII et dernier.

Des Indulgences.

1°. Les indulgences accordées pour un an à ceux qui visiteront un hôpital ou une chapelle, coûteront à cette chapelle ou à cet hôpital 6 liv. 8 s.

2°. Pour deux ans, 8 liv.

3°. Pour trois ans, 9 liv. 12 s.

4°. Pour quatre ans, 12 liv.

5°. Pour cinq ans, 16 liv.

6°. Pour sept ans, 20 liv.

7°. Les indulgences accordées pour un an et quinze jours à celui qui sonnera l'*Angelus*, ou qui récitera assiduement à midi la Salutation angélique, coûtent 4 liv. 16 s.

8°. Le pardon entier de la troisième partie des péchés est taxé à 40 liv. — Ce qui fait 120 liv. pour le tout.

ANNOTATIONS ET COMMENTAIRES.

— « On entend par *indulgences* la rémission des peines qu'on a méritées par ses péchés, rémission accordée par l'Eglise à un prix arbitraire. C'est une ressource qui permet aux riches d'offenser Dieu, et d'aller pourtant en paradis pour leur argent.

» Les indulgences furent imaginées, à ce qu'on croit, vers la fin du neuvième siècle, par le pape Jean VIII, pour ceux qui mouraient en combattant contre les hérétiques. Elles se donnaient alors gratuitement.

» Quand on entreprit les croisades, on accorda indulgence plénière de tous les péchés passés et présens à ceux qui feraient le voyage de la Terre-Sainte. Aussi remarque-t-on que, sûrs d'aller au ciel au moyen des indulgences, les croisés ne prenaient pas la peine de le gagner autrement; et que le viol, le meurtre et les brigandages marquaient par-tout le passage de l'armée chrétienne.

» Au reste, le prix des indulgences a beaucoup varié; et aujourd'hui le commerce en est devenu si mauvais qu'on les donne pour rien (1). »

Bien plus, le traité des indulgences de Rome accorde maintenant à ceux qui vont visiter les têtes de saint Pierre et de saint Paul, trois mille ans d'indulgences gratuites s'ils sont Romains, six mille ans s'ils sont du voisinage

---

(1) *Dictionnaire féodal*, au mot *Indulgences*.

de Rome, et douze mille ans s'ils viennent de loin. Celui qui fait une station à Saint-Jean-de-Latran, le Jeudi-Saint ou le dimanche des Rameaux, gagne la rémission plénière de tous ses péchés et la délivrance d'une âme du purgatoire. Celui qui assiste aux offices ordinaires, dans la même église, gagne six cent quarante-huit ans d'indulgences et autant de quarantaines. Celui qui assiste aux offices de Saint-Jean-de-Latran, le jour de saint Jean-l'Evangéliste, gagne vingt-huit mille ans d'indulgences et vingt-huit mille quarantaines. Dans les églises catholiques, le clergé a conservé les indulgences, et chacun peut voir, les jours de solennités, qu'on lui promet de grands pardons à la porte de sa paroisse s'il assiste bien aux offices.

— Il ne faut pas être surpris que, dans des temps barbares, on ait levé des impôts aussi révoltans. Outre les cas prévus dans les taxes que l'on vient de parcourir, il en était d'autres encore que l'on appelait les *cas réservés* : ils étaient fort chers ; et dans des siècles où les papes excommuniaient les princes, ôtaient les couronnes, il était naturel qu'ils ne se fissent pas scrupule de dépouiller les sujets.

Avec tant de ressources , quoiqu'ils n'aient que de petits états, on conçoit les énormes richesses des papes. Mais autour de ces trésors s'agitent des vampires , sous les noms de *dataires*, de *chanceliers*, de *maîtres du plomb*, de *maîtres des requêtes*, *d'abréviateurs*, etc. (1). A ces hordes maudites se joignent les courtisanes, les mendians, les moines, etc., tous gens à la suite de l'argent.

De tout ce monstrueux édifice de rapacité, d'impudeur, d'usurpations et d'impostures, sur lequel reposait la puissance colossale du Saint-Siége, la plus grande partie est écroulée. Le concordat de 1817 aurait pu rétablir en France les indignités des choses anciennes, commes elles se rétablissent en Italie et en Espagne. La nation a repoussé ce pacte injurieux. Espérons que la France ne consentira plus à recevoir un joug humiliant, des lois étrangères, et qu'on pourra être chrétien sans reconnaître l'infaillibilité des papes dans des choses semblables aux parties casuelles.

---

(1) Voyez l'*Introduction*.

FLEURS

DES CAS DE CONSCIENCE

DÉCIDÉS PAR LES JÉSUITES.

CHAPITRE PREMIER.

Du Probabilisme, ou s'il est permis d'agir selon sa volonté, comme bonne et probable.

— « Est-il permis de suivre, tantôt une opinion probable, tantôt une autre, sur la même matière ? — Il est probable, par exemple, que tel impôt a été mis injustement ; il est probable aussi qu'il a été justement imposé. Puis-je aujourd'hui, moi qui suis établi par le roi pour faire payer cet impôt, l'exiger en conscience ?... Et demain, aujourd'hui même, puis-je, parce que je suis marchand, frauder ce droit en secret ?...

» Il est probable que l'on peut être dédommagé par de l'argent de la perte de sa réputation. Il est probable aussi qu'on peut n'en être pas dédommagé. Puis-je donc aujourd'hui, moi, dont on a noirci la réputation, exiger de celui qui l'a noircie un dédommagement en argent?... Et demain, aujourd'hui même, puis-je, moi-même, qui ai noirci la réputation d'un autre, refuser de le dédommager, par cette somme d'argent, de la perte de sa réputation que je lui ai ôtée?...

» Je réponds qu'on peut, dans ces deux cas, et dans les cas semblables, faire en sûreté de conscience ce qu'on juge à propos, et qu'on n'est chargé d'aucun péché en faisant tantôt une chose, tantôt l'autre, selon son opinion. » (Thomas Tambourini.)

— Les Jésuites ont écrit des volumes sans nombre sur la doctrine du probabilisme. Partout ils ont décidé, comme Tambourini, qu'on peut en faire à sa tête toutes les fois qu'on croit avoir raison; qu'un inférieur peut désobéir à son supérieur lorsqu'il n'a *probablement* pas bien commandé; que l'on peut ne pas chercher à restituer une somme trouvée, lorsqu'il est *probable* qu'on ne rencontrera pas celui qui l'a perdue; que l'on peut se soustraire à l'obéissance due aux lois, au respect dû au prince, lorsqu'on juge que les lois sont *probablement* mal faites, et le prince *probablement* injuste, etc.

CHAPITRE II.

Du Péché philosophique.

La doctrine du *péché philosophique* fait de l'action la plus criminelle une action qui n'offense point Dieu, si celui qui la commet ne connaît point Dieu, ou ne pense point à lui, ou ne réfléchit pas qu'il l'offense. Un très-gros péché, que l'on fait sans l'avoir prémédité, est un péché philosophique.

— « Je suis d'avis qu'il n'y a point de péché sans malice. Ainsi, lorsqu'un homme veut pécher mortellement, il doit faire attention d'abord si l'action est mauvaise, et s'il y met de la malice. » (Thomas Sanchez.)

— « Un homme qui s'arrête avec délectation sur un désir impur, mais sans réfléchir que c'est un objet de délectation qui lui est interdit, est entièrement excusé de péché, quand même il demeurerait livré un jour entier à cette délectation. » (Valerius Reginald.)

— « L'ignorance et l'abrutissement, lors

même que la cause en est volontaire, excusent de péché, si ce péché n'a point été prémédité ou prévu. Par exemple, un homme qui s'est enivré, et qui en tue un autre, ou qui se livre à la fornication dans l'ivresse, ne fait pas un péché mortel....... » (VINCENT FILLIUCIUS.)

— « Le vol peut n'être pas péché, par défaut de délibération; car il se trouve des gens si enclins et si déterminés à voler, par l'habitude qu'ils en ont contractée, que ces gens ont plutòt pris et emporté une chose, qu'ils n'ont pensé et fait réflexion à ce qu'ils faisaient. Or, il n'y a pas de péché mortel sans préméditation. » (JEAN DE DICASTILLE.)

— « Celui qui ment et jure le faux par une habitude invétérée, est dispensé de s'en confesser; car ce n'est plus qu'un petit péché d'inadvertançe, qui ne mérite pas qu'on y fasse attention. Il en est de même des blasphêmes d'habitude. » (THOMAS TAMBOURINI.)

— « Si un homme commet un adultère, ne pensant pas qu'il fait un grand mal, cet homme ne pèche que légèrement, parce qu'il ne sent pas toute la malice de ce qu'il fait.

» Si un homme en tue un autre, en pensant qu'il ne fait pas un grand mal , cet homme ne pèche que légèrement, parce qu'il ne connaît pas la grièveté de son action. » (Georges de Rhodes.)

— « *Adorez Dieu ; ne faites pas à autrui ce que vous ne voulez pas qu'on vous fasse.* Tout le monde sait cela ; c'est le droit naturel. Mais il y a bien des choses qu'on ne sait pas; par exemple , si tel contrat est usuraire , s'il ne faut pas manger d'œufs en tel temps, s'il est permis de suivre une opinion plutôt qu'une autre , etc. Or, qui ne sait pas ne pèche pas. » (François Perrin.)

— « Il faut distinguer en Dieu deux sortes de volontés qui obligent l'homme : la volonté antécédente, par laquelle Dieu défend de mentir ; et la volonté conséquente , par laquelle Dieu veut que l'on mente , si l'on est dans l'erreur, et que l'on croie qu'il est bien de mentir quelquefois..... » (Charli.)

— « *Objection.* Il est absurde de dire que la volonté de mentir puisse en soi mériter récompense de la part de Dieu.

« *Réponse.* Si le mensonge est mauvais, je l'accorde ; s'il est bon, je le nie. Et quoique le mensonge et la fourberie déplaisent intrinsèquement à Dieu, si on ne se les représente pas comme tels, il n'y a pas péché. Au contraire, quoique la fourberie demeure en soi matériellement mauvaise, la volonté et la fin étant bonnes, méritent récompense de la part de Dieu. » (LACROIX.)

— Tous ces sentimens ont été censurés. Nos prêtres n'admettent plus guère le péché philosophique; mais les Jésuites qui sont en France ont toujours l'esprit de corps.

Or, voici ce que font maintenant les confesseurs non jésuites : Vous vous accusez d'avoir mangé des œufs en carême. On vous demande, si vous avez payé la dipense; vous répondez que vous ne saviez pas que cela fût nécessaire. On vous dit que les œufs sont défendus jusqu'à Pâques; vous répondez que vous ne le saviez pas. On vous dit que la sentence a été affichée à la porte de l'église ; vous répondez que vous ne l'avez point vue. On vous dit que la défense a été lue au prône; vous répondez que vous ne l'avez point entendue. Malgré tout cela, on vous inflige une bonne pénitence. — Les Jésuites vous auraient absous.

CHAPITRE III.

De la Simonie.

— « Ce n'est pas simonie que donner quelque chose à un homme pour gagner son amitié, au moyen de laquelle on obtient un bon bénéfice. » (Emmanuel Sa.)

— « Celui qui promettrait de l'argent pour avoir un bénéfice, mais qui ne ferait qu'une promesse feinte, avec la résolution de ne la point tenir, s'il obtenait le bénéfice par cette voie, serait-il coupable de simonie ?..... Soto et Cajetan disent avec raison qu'en ce cas il n'y a point de simonie, parce que c'est l'intention qui détermine le péché. » (François Tolet.)

— « Si on donne un sacrement ou une chose sainte pour un plaisir impudique, et cela à titre de récompense et non simplement à titre de pur don, il y aura simonie et sacrilége. C'est le cas d'un homme qui donnerait un bénéfice au frère, pour solde de l'impudicité qu'il aurait commise avec la sœur. Mais si, après avoir couché avec la sœur, on donne le bénéfice au frère à titre de gratitude, il

n'y a tout au plus qu'une sorte d'irrévérence. »
(Vincent Filliugius.)

— « On ne doit pas acheter un bénéfice pour
de l'argent; mais on peut dire : *Si vous m'accordez un bénéfice , j'en serai reconnaissant.*
Alors, pour éviter la simonie et tenir sa promesse, on a l'attention de ne s'obliger intérieurement à rien de déterminé. »

« Selon l'opinion de Sanchez , il n'y a pas
non plus de simonie à faire cette convention :
*Donnez-moi votre voix pour que je sois provin-
cial , et je vous donnerai la mienne pour que vous
soyez prieur ;* parce que le pacte et la permu-
tation des choses spirituelles ne sont défendus
qu'en matière de bénéfices. » (Lacroix.)

CHAPITRE IV.

Du Blasphême.

— « On ne blasphême pas en raisonnant
sur les choses les plus saintes. Par exemple , on
peut dire sans blasphême que le Verbe aurait
pu s'unir à la nature de l'âne , puisqu'il s'est
uni à la nature de l'homme... » (François Lami.)

— « Si le pénitent a maugréé et dépité son

créateur , et que la colère l'ait emporté à ces paroles scandaleuses , il n'a péché que véniellement , parce que la colère lui a ôté le moyen de considérer ce qu'il disait. » (Etienne Bauny.)

— « Faites ce que votre conscience vous dictera. Si vous croyez, par une erreur invincible , que le blasphême vous est ordonné de Dieu , blasphémez...... Si vous croyez invinciblement qu'il vous est ordonné de mentir , mentez..... Et probablement, pourvu que vous soyez pur d'ailleurs , Jésus–Christ pourra vous dire : Venez, le béni de mon père, parce que vous avez menti et blasphémé, croyant que je vous ordonnais de blasphémer et de mentir... » (Antoine Casnedi.)

CHAPITRE V.

Du Sacrilége.

— « Un homme qui a fait à Pâques une communion indigne est-il obligé de communier une seconde fois ? Je réponds qu'il n'y est pas obligé , parce qu'il a rempli toute l'obligation que lui imposent les commandemens de l'Eglise. La loi qui ordonne la communion n'oblige qu'à la substance de l'acte; et la communion sacrilége est suffisante. » (GEORGES GOBAT.)

CHAPITRE VI.

De la Magie et des Divinations.

— « IL est permis d'user de la science qu'on a acquise par le secours du démon ; car cette science est bonne en elle-même ; et le péché par lequel on l'a acquise est passé.

» On a dit que les astrologues et les devins étaient obligés de restituer ce qu'ils avaient reçu pour prix de leur divination, si l'événement ne justifiait par leur prophétie. Je déclare que ce sentiment n'est pas de mon goût, par la raison que l'astrologue ou le devin, lorsqu'il a employé toute l'exactitude que l'art diabolique peut lui donner, a satisfait à son devoir, quel que soit l'événement; de même qu'un médecin, après avoir mis en usage tous les remèdes conformes aux règles de son art, n'est point tenu de rendre l'honoraire qu'il a reçu, même dans le cas où il aurait fait mourir le malade. » (ESCOBAR.)

— « Si un magicien peut enlever un maléfice par un moyen permis, on peut l'exiger

de lui, et même donner de l'argent pour l'y
engager. Bien plus, on peut l'y contraindre
à force de coups, quand même on se doute-
rait qu'il le fera par un nouveau maléfice. »
(TABERNA.)

CHAPITRE VII.

Impiété, Irréligion.

— « ON n'est pas tenu d'aimer Dieu, si ce
n'est par une certaine décence qui nous dit
que Dieu est digne d'amour. Mais on n'est pas
tenu de l'aimer. » (JEAN DE SALAS.)

— « Il y a des gens qui ne croient pas, parce
qu'ils ne comprennent pas suffisamment. S'ils
sont sans malice, je pense qu'on peut les absoudre. Car croire ce qui n'est pas suffisamment compris est une imprudence ; celui qui
croit si facilement est un esprit léger ; et Dieu
ne refuse pas sa grâce à celui qui fait ce qu'il
peut. » (SUAREZ.)

— « Il y a des mystères qui sont difficiles,
comme celui de la Trinité et celui de l'incarnation. Pour ceux qui ont coutume de se confesser, qu'ils les croient une fois, une seule
fois, cela suffit. » (THOMAS TAMBOURINI.)

— « Il n'est pas nécessaire de croire aux mystères de la Trinité et de l'incarnation pour être sauvé ; car autrement le salut deviendrait ; impossible aux sourds de naissance, lorsqu'une fois ils se seraient souillés par le péché mortel , puisqu'on ne pourrait pas leur expliquer ces mystères. » (AMADÉ GUIMENIUS.)

— « Il n'y a aucun inconvénient à faire croire de foi divine quelque chose de faux , avec la même évidence que le vrai : la Providence divine ne le défend pas , et il n'en résulte aucun dommage. » (PLATELIUS.)

— « La religion chrétienne est évidemment croyable, mais non évidemment vraie. Car, ou elle enseigne obscurément , ou elle enseigne des choses obscures ; et bien plus, ceux qui prétendent que la religion chrétienne est évidemment vraie sont forcés d'avouer qu'elle est évidemment fausse.

» Concluez de là qu'il n'est pas évident qu'il y ait sur la terre quelque religion véritable. Car d'où savez-vous que, de toutes les religions qui existent, la chrétienne soit la plus vraisemblable ? Avez-vous parcouru tous les pays ? Les oracles des prophètes ont-ils été rendus par l'inspiration de Dieu ? Et si je vous nie qu'ils aient prophétisé ? Si je soutiens que les miracles attribués à Jésus-Christ ne sont pas véritables ? .... » (*Thèse des Jésuites de Caen.*)

— « Dieu dit, en parlant d'Israel : *J'ai étendu tous les jours mes mains paternelles vers ce peuple incrédule et désobéissant, et il n'est pas rentré en lui-même.* C'est-à-dire : Je me suis tenu tous les jours les mains étendues pour rappeler ce peuple et le recevoir dans mes bras, lorsqu'il reviendrait à moi.

» Si Dieu ne voulait pas que les Juifs vinssent à la foi, et que, par la foi, ils parvinssent au salut, il faut avouer qu'il jouait habilement et magnifiquement la comédie (1). » (FRANÇOIS OUDIN.)

— « Quoique l'Eglise ordonne d'apprendre par cœur le Symbole, l'Oraison dominicale, la Salutation angélique, celui qui ne les apprend point ne fait pourtant qu'un petit péché véniel. De même, ce n'est qu'un petit péché véniel de ne savoir pas faire le signe de la croix. » (BUSEMBAUM.)

---

(1) *Solerter et magnificè agebat* HISTRIONIAM.

CHAPITRE VIII.

Du Purgatoire.

— « Outre le purgatoire que tout le monde connaît, il y en a un autre, qui est une belle prairie, couverte de toutes sortes de fleurs, éclairée d'un beau jour, exhalant une odeur délicieuse, lieu charmant où les âmes ne souffrent pas les peines des sens. Ce lieu est, pour les moindres coupables, un purgatoire très-mitigé, et comme une prison sénatoriale, où l'on peut se trouver sans déshonneur.... On n'y sera donc pas si mal ; et quant à l'autre purgatoire, personne n'y est resté dix ans. » (Amadé Guimenius, Bellarmin, Lacroix.)

CHAPITRE IX.

Du Paradis.

— « *Demande.* Que verrons-nous dans le paradis ?

» *Réponse.* Nous verrons la très-sacrée humanité de Jésus-Christ. Nous verrons le corps adorable de la vierge Marie, et ceux des autres saints, sans parler de mille et mille autres beautés......

» *Demande*. Nos autres sens jouiront-ils du plaisir qui leur est propre ?

» *Réponse*. Oui; et ce qui est tout admirable, ils en jouiront éternellement, sans aucun ennui.

» *Demande*. Quoi ! l'ouïe, l'odorat, le goût, l'attouchement auront tout le plaisir qu'ils peuvent recevoir ?

» *Réponse*. Oui, sans doute ; l'ouïe sera charmée de la douceur du son et de l'harmonie ; l'odorat recevra le plaisir des odeurs et des parfums ; le goût celui des saveurs ; enfin, rien ne manquera de tout ce qui est capable de délecter l'attouchement.....

» *Demande*. Si l'on parle dans le paradis, je voudrais bien savoir en quelle langue ?

» *Réponse*. Il est vraisemblable que ce sera la langue hébraïque, qui est celle que Dieu a enseignée au premier homme, et que Jésus-Christ a parlée. On pourra aussi parler la langue qu'on voudra, puisqu'il n'en est point dont les bienheureux n'aient une parfaite intelligence.

» *Demande*. De quels habits les corps des bienheureux seront-ils vêtus ?

» *Réponse*. Ils seront tous revêtus d'un habit

de gloire et de lumière, qui éclatera de toutes les parties de leur corps, et nommément de celles qui ont le plus souffert pour Dieu. » (LE P. POMEY.)

CHAPITRE X.

De l'Idolâtrie.

— « IL est certain qu'on peut adorer légitimement toutes sortes de choses inanimées et privées de raison, en ne considérant dans ces choses que l'image de Dieu. Mais lorsqu'on adore la créature, il faut la joindre par la pensée à Dieu ou à quelque saint... Il peut paraître indécent au premier abord d'adorer Dieu dans les animaux brutes et les choses sales..... Il n'en est pas moins très-permis de l'adorer en quelque chose que l'on voudra ; et comme en se prosternant, en baisant des choses inanimées, ou des brutes, ou des choses sales, on pourrait passer pour superstitieux, on ne doit pas faire cela publiquement. » (GABRIEL VASQUEZ.)

— « Les Gentils et les Païens, lorsqu'ils adorent leur idole, croient que cette idole est le vrai Dieu : donc, selon leur intention, ce culte tend au vrai Dieu ; donc il est faux que l'idolâtrie soit un péché qui damne. » (ETIENNE FAGUNDEZ.)

CHAPITRE XI.

De l'Impudicité.

— « TOUTE femme et tout homme qui font un usage honteux de leur corps peuvent s'en faire payer ; et celui qui les emploie doit leur donner le prix convenu.

» Il n'y a pas de péché, ou du moins il y en a bien peu à forniquer avant le sacrement. » (EMMANUEL SA.)

— « Susanne dit, dans Daniel : « Si je m'a-
» bandonne aux désirs impudiques de ces vieil-
» lards, je suis perdue. » Dans cette extré-
mité, comme elle redoutait l'infamie d'un côté et la mort de l'autre, Susanne pouvait dire :
« Je ne consentirai pas à l'action honteuse,
» mais je la souffrirai, et je n'en dirai rien,
» pour conserver la vie et l'honneur. » Mais les jeunes femmes sans expérience pensent que, pour être chastes, il faut crier au secours et résister de toutes ses forces aux séducteurs. On ne pèche que par le consentement et par la coopération. Suzanne aurait pu permettre aux vieillards

d'exercer sur elle leur luxure, et n'y point prendre part intérieurement. Il est certain qu'elle n'eût point péché. » (CORNEILLE DE LA PIERRE.)

— « Un domestique qui cherche des concubines et des filles de joie pour son maître ne fait pas bien. Mais il peut, sans péché, faire le lit de la concubine, la servir à table, lui préparer à dîner, l'habiller, panser son cheval, lui porter des présens et des lettres, s'acquitter enfin des petits emplois de ce genre, qui ne tirent pas à conséquence.

» Mais si un domestique est obligé pour vivre de servir un maître luxurieux, la nécessité lui permet de faire sans péché les choses les plus graves. Ainsi il peut lui chercher et lui amener des concubines, le conduire dans les mauvais lieux ; et si son maître veut escalader une fenêtre pour coucher avec une femme, il peut lui soutenir le pied ou lui apporter une échelle, *quià sunt actiones de se indifferentes.* » (CASTROPALAO.)

— « Une fille de joie peut légitimement se faire payer, pourvu qu'elle ne se mette pas à un prix trop haut. Il en est de même de toute jeune fille et de toute prostituée qui fait le métier en secret. Mais une femme mariée n'a pas tant le droit de se faire payer, parce que

les profits de la prostitution ne sont pas sti-
pulés dans son contrat de mariage. » (Jacques
Gordon.)

— « *Clericus rem habens cum fœminâ, in
vase præpostero, non incurrit pœnas bullæ Pii V,*
s'il ne fait pas un fréquent usage de ce
péché (1).

» *Clericus sodomiticè patiens non incidit in
pœnas bullæ*, s'il ne le fait que deux ou trois
fois.

» *Clericus vitium bestialitatis perpetrans non
incurrit bullæ pœnas*, à moins qu'il ne fasse
ce péché par habitude. » (Escobar.)

— « La concupiscence n'est mauvaise ni
d'elle-même ni en elle-même. C'est une vérité de foi. » (Vaillant.)

— « On peut sans péché regarder tout son
corps, hormis les parties honteuses, soit dans
le bain, soit ailleurs, si l'on y trouve de l'u-
tilité ou de la délectation.

» Un homme et une femme qui se met-
tent tout nus pour s'embrasser font une chose

----

(1) La bulle de Pie V est citée, en sa partie la plus
intéressante, dans les annotations au chapitre xxx des
Taxes.

indifférente et non un péché véritable. » (VIN-
CENT FILLIUCIUS.)

— « Combien une femme peut-elle vendre
le plaisir qu'elle procure ? Il faut, pour estimer
cela au juste, avoir égard à la noblesse, à la
beauté, et à l'honnêteté de la femme. Une
femme honnête vaut davantage que celle qui
ouvre sa porte au premier venu....

» Distinguons.... Ou il s'agit d'une fille de
joie, ou il s'agit d'une femme honnête. Une
fille de joie ne peut justement demander à
l'un que ce qu'elle a reçu de l'autre ; elle
doit n'avoir qu'un prix convenu. C'est comme
un contrat entre elle et le pointu qui paye.
Le pointu donne l'argent et elle donne son
corps.

» Mais une femme honnête peut exiger ce
qu'il lui plaît, parce que, dans des choses
de cette nature, qui n'ont pas de prix commun et établi, la personne qui vend est maîtresse de sa marchandise. Une pucelle et une
femme honnête peuvent vendre leur honneur
aussi cher qu'elles l'estiment. » (THOMAS TAM-
BOURINI.)

— « Il est permis à toutes sortes de personnes d'entrer dans les lieux de débauche pour y
convertir les femmes perdues, quoiqu'il soit

bien vraisemblable qu'on y péchera, quoiqu'on l'ait déjà éprouvé souvent, et qu'on se soit laissé aller au péché par la vue et les cajoleries de ces femmes. » (BAUNY.)

CHAPITRE XII.

Du Parjure, du Faux-Témoignage, etc.

— « ON ne commet point un faux, lorsque, pour remplacer un titre qu'on a perdu, on en fabrique un semblable.

» En justice, on peut déposer qu'on ne sait point ce qu'on a seulement entendu dire.

» Un témoin qui reçoit quelque chose pour un faux témoignage n'est pas tenu à restitution. » (EMMANUEL SA.)

— « Si quelqu'un a promis extérieurement, sans intention de promettre, quand le juge l'interroge et le somme de déclarer sur la foi du serment s'il a promis, il peut simplement dire que non; parce que ce *non* peut signifier légitimement : « Je n'ai pas promis d'une » promesse qui m'oblige..... » Il faut que cela soit ainsi; car sans cette ressource, on serait condamné à payer ce qu'on n'a pas eu intende promettre, ou à épouser une femme qu'on n'a pas eu intention d'épouser. » (SUAREZ.)

— « Un homme qui se trouve dans une mauvaise affaire, et à qui on fait jurer qu'il épousera la fille avec qui on le surprend, peut jurer qu'il la prendra, en sous-entendant : *Si j'y suis forcé*, ou , *si dans la suite elle me plaît* ; ce qui ne l'oblige à rien. » (SANCHEZ.)

— « Si vous avez tué Pierre en vous défendant légitimement, vous pourrez jurer devant le juge que vous ne l'avez pas tué, en sous-entendant : *injustement.*

» Si vous êtes marchand, et qu'on taxe à trop bas prix vos marchandises, vous pouvez vous servir d'un faux poids en cachette, et vous pourrez en conscience nier avec serment devant le juge que vous vous soyez servi d'un faux poids, en sous-entendant : *dont l'acheteur ait souffert injustement.* » (GEORGES GOBAT.)

— « Il est permis, soit en matière légère, soit en matière grave, de faire un serment sans avoir intention d'en faire un, si l'on a bonne raison de se conduire ainsi. » (JEAN DE CARDENAS.)

— Dans presque tous leurs ouvrages, qui sont extrêmement nombreux, les Jésuites ont soutenu cette doctrine, qu'on peut prêter faux témoignage lorsqu'on y trouve son intérêt, faire un faux serment lorsqu'on est dans la nécessité de jurer, un acte faux lorsqu'on en a besoin, et un parjure toutes les fois que l'occasion s'en présente.

CHAPITRE XIII.

De la Prévarication des juges.

— « On demande si un juge est tenu de restituer ce qu'il a reçu pour rendre la justice ? Je réponds qu'il est tenu de restituer s'il a reçu quelque chose pour rendre un jugement juste ; mais s'il a reçu de l'argent pour rendre un jugement injuste, il peut garder cet argent. » (Taberna.)

— « Quand les plaideurs ont pour eux des opinions également probables, le juge peut prendre de l'argent pour rendre sa sentence en faveur de l'un plutôt que de l'autre, parce qu'on ne prend pas ce prix pour la sentence, mais comme une compensation, pour la commodité que ce juge apporte à une des parties, et pour la préférence qu'il lui donne, laquelle peut être mise à prix. » (Amadé Guimenius.)

CHAPITRE XIV.

Du Vol, et de ce qui en approche.

— « CE n'est pas un vol que prendre quelques petites choses en cachette à son mari ou à son père. Mais si l'objet est considérable, il faut restituer.

» Celui qui vole un riche sans le gêner, parce qu'il lui prend quelque chose dont il n'a pas besoin, n'est pas obligé à restituer. » (EMMANUEL SA.)

— « Les domestiques peuvent voler leurs maîtres en cachette, par forme de compensation, sous prétexte que leurs gages sont trop modiques, lorsque ce prétexte est réel au jugement d'un homme sage.

» Les domestiques sont excusés de péché et dispensés de restituer, lorsqu'ils ne prennent que par cette juste compensation, c'est-à-dire lorsque leurs maîtres ne leur fournissent pas, pour la vie et le vêtement, ce qu'on donne dans les autres maisons. Ils peuvent prendre à leurs maîtres tout ce qu'il faut pour la compensation d'une pareille injustice ; mais rien de plus. » (VALERIUS REGINALD.)

— « Si les pères et mères re fusent de se rendre aux instances et aux priè res de leurs enfans, qui leur demandent de l'argent, les enfans peuvent leur dérober, pour leurs menus plaisirs, ce que la coutume et la condition autorisent.

» Quand un homme est tellement dans l'indigence, et un autre tellement à son aise, que celui qui est à son aise soit obligé d'aider celui qui est dans l'indigence, celui qui est dans l'indigence peut prendre le bien de l'autre secrètement et d'une bonne manière, sans pécher ni être obligé à restitution. » (LONGUET.)

— « Une femme peut, même contre la défense de son mari, faire des donations, et dépenser à son aise, soit pour le jeu, soit pour ses plaisirs, soit pour sa toilette. » (SIMON DE L ESSAU.)

CHAPITRE XV.

De l'Homicide et du Parricide.

— « Si un clerc, quoique bien instruit du danger qu'il court, entre chez une femme avec qui il a des liaisons amoureuses, qu'il soit surpris en adultère par le mari, et qu'il tue ce mari pour défendre sa vie ou ses membres, ce clerc n'est pas irrégulier, et peut continuer les fonctions ecclésiastiques. » (HENRIQUEZ.)

— « Si vous venez pour me frapper, et que je ne puisse éviter le coup que par la fuite, je dois fuir, pourvu qu'il n'y ait point pour moi de déshonneur. C'est pour cela que les religieux et les ecclésiastiques s'esquivent ordinairement, parce que leur gloire ne consiste pas dans la hardiesse, mais dans l'humilité. Si néanmoins on ne veut pas fuir, on ne pèche pas en tuant l'agresseur, *pourvu qu'on garde la modération légitime.* » (LÉONARD LESSIUS.)

— « Est-il permis à un mari de tuer sa femme surprise en adultère, et à un père de tuer sa fille pour la même cause. Je réponds, et je dis premièrement, qu'avant qu'il y ait sentence du juge, le mari pèche mortellement en tuant sa femme, lors même qu'il la trouve en flagrant délit..... Je dis secondement qu'après la sentence rendue, le mari peut tuer sa femme sans aucun péché, parce qu'il devient exécuteur volontaire du jugement, et peut mettre sa femme à mort si bon lui semble..... » (VINCENT FILLIUCIUS.)

— « Des enfans catholiques peuvent accuser leurs parens du crime d'hérésie, quoiqu'ils sachent que pour cela ils seront brûlés et mis à mort..... Et si leurs père et mère cherchent à les détourner de la foi catholique, non seulement ils pourront leur refuser la nourriture, mais même ils pourront justement les tuer sans péché.....

» Si un prêtre, étant à l'autel, est attaqué par quelqu'un, il peut licitement interrompre la célébration des saints mystères pour se défendre. Et si, en se défendant, il tue celui qui l'attaque, il peut, incontinent après, retourner à l'autel et achever le sacrifice de la messe. » (Etienne Fagundez.)

. — « Si vous tâchez de ruiner ma réputation par des calomnies, devant un prince, un juge, ou d'autres personnes d'honneur, et que je ne puisse l'éviter autrement qu'en vous tuant, le puis-je faire ? Oui, pourvu que je le fasse en cachette, et non publiquement, à cause du scandale. » (Airault.)

— « Un fils peut-il souhaiter la mort de son père pour jouir de son héritage ? Une mère peut-elle désirer la mort de sa fille, pour n'être point obligée de la nourrir et de la doter ? Un prêtre peut-il souhaiter la mort de son évêque, dans l'espoir de lui succéder ? A ces questions et à mille autres semblables, je réponds que, si vous désirez seulement, ou que vous appreniez avec joie ces événemens, il vous est permis de les désirer et de les recevoir sans péché, parce que vous ne vous réjouissez pas du mal d'autrui, mais du bien qui vous arrive. » (THOMAS TAMBOURINI.)

— « Est-il permis à un fils de tuer son père lorsqu'il est proscrit ? Un grand nombre d'auteurs soutiennent qu'il le peut ; et si un père est nuisible à l'Etat ou à la société, je suis du sentiment de ces auteurs. » (JEAN DICASTILLE.)

— « Un fils qui s'est enivré et qui, dans l'ivresse, a tué son père, peut se réjouir du meurtre qu'il a commis, à cause des grands biens dont il est héritier.... Comme on suppose que ce parricide n'a pas été prémédité, et que d'ailleurs il a pour objet de grandes richesses, objet qui est bon, ou du moins qui n'est certainement pas mauvais, il s'ensuit que cette doctrine n'a rien de répréhensible (1). » (GEORGES GOBAT.)

------

(1) Il est bon, dit le P. Casnedi, d'avoir de pareils moyens *sous la main ;* car ils peuvent être utiles à ceux qui désirent quelque bien, et qui ne peuvent l'avoir que par la mort d'autrui.

CHAPITRE XVI.

Du Régicide, et du Crime de lèse-majesté.

— « La révolte d'un ecclésiastique contre le roi n'est pas un crime de lèse-majesté, parce que l'ecclésiastique n'est pas sujet du roi.....

» Celui qui gouverne tyranniquement un Etat dont il est le souverain légitime, ne peut être détrôné sans un jugement public. Mais dès que la sentence est prononcée, tout homme peut s'en rendre l'exécuteur. Or, un tel prince peut être déposé par le peuple, quand même on lui aurait juré une obéissance éternelle, lorsqu'après avoir été averti de sa mauvaise administration, il ne se corrige pas. Mais pour celui qui usurpe la puissance souveraine, tout homme d'entre le peuple peut le tuer, s'il n'y a pas d'autre remède; car c'est un ennemi public.» (EMMANUEL SA.)

— « Que ne puis-je faire aux dieux une libation du sang d'un tyran! Jamais liqueur plus agréable n'a teint leurs autels ; jamais victime plus importante et plus grasse ne peut

leur être immolée qu'un méchant roi. » (Del-
rio , *Hercules furens.*)

— « Il n'est pas permis à des chrétiens de
tolérer un roi infidèle ou hérétique, si ce
roi tâche d'entraîner ses sujets dans l'hérésïe
ou l'infidélité. Mais c'est au souverain pontife, qui est chargé du soin de la religion,
qu'il appartient de juger si le roi entraîne ou
non dans l'hérésie. C'est donc au souverain
pontife à décider si ce roi doit être déposé ou
non.....

» Si les chrétiens n'ont pas autrefois déposé
Néron, Dioclétien, Julien l'apostat, Valens,
c'est qu'ils n'étaient pas assez puissans. » (Bellarmin.)

— « Reconnaissez enfin cette puissance,
par laquelle le Pape a rendu *Henri IV* à la
société des fidèles. Mais le Pape, direz-vous,
n'a pu excommunier le roi de France ? Il l'a
cependant fait; et le roi a reconnu lui-même
cette puissance, lorsqu'il a demandé d'être
absous. Eh quoi! le roi sera un Arius, un
Valens, un Nestorius, un Manès, un Mahomet par la parole et par l'épée; il deviendra
Juif et se fera circoncire; et le Pape n'aura
pas le pouvoir d'agir contre lui? Il renouvel-
lera l'horrible cruauté de Phalaris contre tout

ce qu'il y a de savans en France ; et le Pape ne
pourra rien faire contre lui ? Dieu nous préserve
de cette pensée !

» Rome, vois ce charretier qui conduit la
France, cet anthropophage, ce monstre qui se
baigne dans le sang..... Ne se trouvera-t-il
personne qui prenne les armes contre cette
bête féroce ? N'aurons-nous pas un Pape qui
emploie sa hache au salut de la France ? »
(CLARUS BONARSCIUS.)

— « Il est permis de tuer pour se défendre,
quel que soit l'agresseur. Un fils peut tuer son
père, une femme son mari, un serviteur son
maître, un laïc son curé, un soldat son général, un inférieur son supérieur, un accusé
son juge, un écolier son précepteur, un sujet son prince. » (JEAN AZOR.)

CHAPITRE XVII.

Apologie de saint Jacques Clément.

— « JACQUES Clément, dominicain, né à
Sorbonne dans le diocèse d'Autun, étudiait la
théologie dans un collége de son ordre, lorsqu'instruit par les théologiens auxquels il s'é-
tait adressé, qu'il est permis de tuer un tyran

il blessa profondément le roi Henri III au bas — ventre, avec un couteau empoisonné qu'il tenait caché dans sa manche.

» A ce coup de hardiesse éclatant, à cette action mémorable, les courtisans se jettent sur Clément, le renversent, assouvissent sur lui leur cruauté et leur fureur, se baignent dans son sang, et le couvrent de blessures.

» Lui cependant gardait le silence, joyeux d'éviter ainsi de plus grands supplices, d'avoir délivré sa patrie, et de s'être fait par le meurtre du roi un nom immortel.

» Il mourut à vingt-quatre ans. C'était un jeune homme d'un caractère simple, d'une complexion faible; mais sa vertu magnanime lui donna du courage, et des forces plus qu'humaines.» (JEAN MARIANA.)

CHAPITRE XVIII ET DERNIER.

Macédoine jésuitique.

— *De Dieu et du Péché.* — « Ignorer qu'il y a un Dieu, c'est un grand bienfait et une grâce considérable; car le péché étant une injure à la divinité, s'il n'y a point de connaissance de Dieu, il n'y a nécessairement ni péché ni damnation éternelle. » (SFONDRATE.)

— *De la Messe.* — « Une mauvaise disposition, comme celle de regarder les femmes avec des désirs de luxure, n'est point incompatible avec le devoir d'entendre la sainte messe. Il suffit de l'entendre, même dans ces dispositions, pour satisfaire au commandement, pourvu qu'on se contienne à l'extérieur. » (ESCOBAR.)

— *Du Parjure.* — « Si vous avez fait un vœu ou un serment, vous n'êtes point obligé de le tenir, quand vous n'en avez pas eu l'intention. » (THOMAS TAMBOURINI.)

— *Art de jurer.* — « Si quelqu'un veut jurer, sans s'obliger à tenir son serment, qu'il estropie les mots. Par exemple, qu'il dise *uro*, en supprimant le *j* : c'est comme s'il disait *je brûle*, au lieu de *juro*, qui signifie *je jure*; et alors ce n'est plus qu'un petit mensonge véniel qui se pardonne aisément. » (SANCHEZ.)

— *De la Gourmandise.* — « C'est un péché véniel de sa nature, encore que, sans aucune nécessité, on se remplisse de manger et de boire jusqu'à vomir; à moins que la santé n'en souffre considérablement. Et quand même on se porterait à ces excès de dessein prémédité, en sachant qu'on vomira, il n'y a pas de péché mortel. » (ESCOBAR.)

— *Du Duel.* « On peut accepter un duel pour défendre son bien, si l'on y est obligé ; parce que chaque homme a le droit de garantir sa propriété, même par la mort de son ennemi. (ESCOBAR.) »

— *Même sujet.* « Qu'un honnête homme soit provoqué en duel : qu'arrivera-t-il s'il refuse de se battre ? On dira que c'est une poule et non un homme. » (HURTADO.)

— *Même sujet.* — « Il est permis à un honnête homme de tuer celui qui cherche à lui donner un soufflet ou un coup de bâton. Vous pouvez même tuer en conscience celui qui vous dirait : *vous en avez menti.* » (LESSIUS, BALDELLUS.)

— *Des Péchés de luxure.* — » *Stupre* est quand l'acte se fait avec une vierge, contre sa volonté et par force. Quand elle s'y porte de gré à gré et volontairement, ce n'est plus stupre, mais *fornication ;* et alors il n'est pas nécessaire en conscience de la doter, encore moins de la prendre à femme, parce que celui qui a eu affaire avec elle ne lui a fait aucune injure. » (BAUNY.)

— *De l'Avortement.* — « Une femme peut-

elle se procurer un avortement ? Je réponds,
1°. Que si le fruit n'est pas animé, et que la
grossesse lui soit dangereuse, elle le peut,
soit directement, soit indirectement. Elle le
peut directement, en prenant des potions qui
agissent tellement sur le fruit qu'elles le dis-
solvent et l'évacuent; elle le peut aussi indirectement, ou en se faisant saigner, ou en
prenant des remèdes qui lui fassent du bien
et qui nuisent au fruit.

» 2°. Si le fruit est déjà animé, et qu'elle
doive mourir avec l'enfant, elle peut, avant
que d'accoucher, prendre des remèdes qui
nuisent indirectement à l'enfant, et qui la
guérissent directement; ce qu'on peut expliquer par cet exemple : il est conforme à la
raison que, si une bête féroce poursuit une
femme prête d'accoucher, elle fuye pour conserver sa vie, quoiqu'il soit certain, morale-
ment parlant, que cette fuite doit lui procurer un avortement.

» 3°. Si une honnête fille avait été corrom-
pue, malgré elle, par un jeune homme adultère, elle pourrait, avant que le fruit soit
animé, s'en délivrer à sa fantaisie, de peur de
perdre son honneur, qui lui est beaucoup plus
précieux que la vie même. » (AIRAULT.)

— *Avis aux Acheteurs*. — « On peut acheter une chose moins qu'elle ne vaut, de celui
que la nécessité oblige de vendre, parce que
cette manière de vendre diminue le prix de
la chose, et fait que les marchandises sont of-
fertes, au lieu d'être recherchées. Une chose
qui se vend par nécessité perd non-seulement
le tiers de son prix, mais même la moitié. »
(AMADÉ GUIMENIUS.)

— *Curiosité*. — « Un vol de trente sous
est un plus grand péché que la sodomie. »
(AMADÉ GUIMENIUS.)

— *Des Ivrognes*. — On n'est pas ivre tant
qu'on peut distinguer un homme d'une char-
rette de foin. (BUSEMBAUM.)

— *Conseil inutile*. — « Il est permis aux
cabaretiers de mêler de l'eau dans le vin, et
aux laboureurs de la paille parmi le froment,
et de les vendre au prix commun, pourvu que
ce vin et ce froment ne soient pas pires que
celui qu'on vend tous les jours. » (AMADÉ GUI-
MENIUS.)

— *De la Parure*. — « Une femme qui se
sert de diverses parures, de fard et de parfums, précisément par le motif d'une petite
vaine gloire, et pour contenter le désir qu'elle
a de paraître belle, ne pèche pas mortelle-

ment, encore qu'elle soit persuadée que plusieurs personnes, en la voyant ainsi, concevront un violent amour pour elle (1). » (Stoz.)

— « Les femmes ne pèchent pas mortellement quand elles se parent d'ornemens superflus, qu'elles se servent d'habits si déliés qu'on voit leur sein, et même quand elles découvrent leur sein, si elles le font selon la mode du pays, et non par mauvaise intention. » (Lesseau.)

— *Joies du paradis.* — Le P. Henriquez assure, dans son livre *des Occupations des saints dans le ciel*, que les gens mariés s'y baiseront comme en cette vie, eux et leurs petits mignons d'enfans; ce qui se fera avec un plaisir infini (*chap.* 73). Que les hommes et les femmes se réjouiront avec des mascarades, des festins et des ballets (*chap.* 47). Que les anges s'habilleront en femmes, et qu'ils apparaîtront aux saints avec de riches habits de dames, les cheveux frisés, des jupes à vertugadins, et des

---

(1) C'est même une bonne œuvre aux douairières du faubourg Saint-Germain de se parer pour plaire aux abbés du *Journal des Débats*, aux Roquentins du *Conservateur*, aux prêtres mariés de la *Quotidienne*, aux pies de la *Gazette* et aux dogues du *Drapeau blanc*.

chemises de mousseline (*chap.* 58). Que chaque bienheureux aura dans le ciel sa maison particulière ; et que Jésus-Christ habitera un palais magnifique. Qu'il y aura de larges rues, de grandes places publiques, des châteaux-forts et des citadelles (*chap.* 22). Que le souverain plaisir sera de baiser et d'embrasser les corps des bienheureuses ; qu'elles se baigneront dans des bains disposés pour cet exercice ; et qu'elles chanteront comme des rossignols (*chap.* 24 et 65). Enfin que les femmes auront de beaux et longs cheveux ; qu'elles se pareront avec des rubans, et qu'elles auront des robes et des coiffures à la mode, comme ici bas (*chap.* 68).

VARIÉTÉS,

FAISCEAU D'ANECDOTES

RELATIVES

AUX PARTIES CASUELLES ET AUX CAS DE
CONSCIENCE.

Iᵒ. *Comment on laissait faire les Mères qui
vendaient leurs Filles.*

— « COMBIEN y a-t-il de mères qui vendent
leurs propres filles pour leur faire gagner
leur mariage à la sueur de leur corps !.... J'en
appelle de vous, messieurs de la justice, qui
ne faites point punition de telles personnes.
S'il y avait ici quelqu'un qui eût dérobé dix
sols, il aurait le fouet pour la première fois.
S'il y retournait pour la seconde, il aurait les
oreilles coupées, ou le corps mutilé en quelque autre sorte. S'il dérobait pour la troisième
fois, il serait mis au gibet. Or, dites-moi, messieurs de la justice, qui est pire, dérober cent

écus, ou bien vendre une fille?.... » (Henri Etienne, *Apologie pour Hérodote.*)

IIº. *Comment les mœurs du seizième siècle bril-laient d'une grande pureté, et comment les Casuistes se montraient rigides.*

— « Le prédicateur Menot parle ainsi, dans un sermon, sur le train que mènent les jeunes-gens nouveau-mariés : « Vous savez » que nous ne pouvons pas avoir toujours nos » femmes auprès de nous, pendues à notre » ceinture, ou plutôt les porter en notre » manche ; et cependant notre jeunesse ne » peut se passer de femmes. Nous venons à » des tavernes, hostelleries, estuves, et autres » bons lieux ; nous trouvons là des cham- » brières au métier, et qui ne valent pas beau- » coup d'argent : à savoir si c'est mal fait » d'en user comme de sa femme? » Nous pouvons connaître par cette question le peu de scrupule qu'on faisait pour lors de tels cas. Car lui-même, au lieu de répondre vivement à telle question, et de trancher le mot sur-le-champ, y répond comme un homme qui es-time que la question mérite bien qu'on y pense avant qu'en donner la décision. » (*Idem.*)

III°. *Comment le Clergé et les Moines édifiaient le seizième siècle par leur pudicité.*

— « Regardons jusqu'à quel degré est montée la paillardise. Les chambrières ou garces des prêtres étaient le premier butin que cherchaient les gens d'armes entrant en un village. Voire, une farce n'était trouvée bonne, il y a quelques ans, s'il n'y avait un messire Jean aidant à ses voisins à faire leur besogne en leur ménage : et de fait alors il ne fallait qu'un bon prêtre enluminé pour servir comme d'étalon ou de taureau banier à tout un grand village. Mais en la fin, tant les prêtres que les moines, étant las de chevaucher des haridelles, ont voulu monter sur aussi belles haquenées que les prélats : témoin le Cordelier Dicquo-Darnac, qui ayant de long-temps présenté son service à la femme d'un chevalier d'une ville d'Espagne, nommé Rhodorio, fut à la fin étranglé par lui, auprès duquel il se coucha, pensant être couché auprès d'elle. Nous lisons aussi de quelques autres moines, qu'ils ont bien sçu choisir les plus belles montures de leur pays, comme témoigne l'histoire d'un Cordelier, qui négocia si dextrement avec un duc d'Allemagne et la duchesse sa femme, qu'il leur tira de dessous l'aile leur fille, belle en perfection, qui était toute leur lignée, pour en jouir mieux à son aise, sous prétexte de la mettre en un monastère, pour ce qu'il remontrait que de sa nature elle était dévotieuse. » (*Idem.*)

IV°. *Comment un Cordelier se conduisit à une noce avec humilité et charité.*

— « Nous ne laisserons pas passer le trait notable d'un Cordelier, en un village de Périgord, lequel, aux noces de la fille de son hôtesse, ayant fait conscience de se seoir à table avec les autres, et s'étant fait porter à souper en sa chambre, pour soi et son compagnon, ne fit point conscience, après souper, de s'aller coucher auprès de l'épouse par humilité, et prit lui-même par charité la peine qu'il savait que l'époux était délibéré de prendre. » (*Idem.*)

V°. *Comment un Seigneur se comporta irrévéremment envers un Chapelain.*

— « La femme de Berenger, marquis italien, sans avoir égard à la maison dont elle était sortie, s'abandonnait à un sien chapelain, combien qu'il fût de fort petite stature et fort difforme. Mais ce galant n'échappa à si bon marché que plusieurs autres : car étant découvert par l'abboy d'un chien, il fut pris et dépouillé tout nud, et lui fut coupé la partie de laquelle il avait fait le mal : ce qui était déjà advenu à quelques-uns. » (*Idem.*)

VI°. *Singulier cas de conscience. — Comment les Moines voulaient voir à confesse de vilaines choses.*

« Notre temps a vu monter le débordement jusqu'au dernier degré, quand cette canaille de moines est venue jusqu'à requérir qu'aux confessions auriculaires il leur fût permis de manier les parties qui auraient été instrumens du mal duquel on se confesserait. Et étant remontré par un évêque, à l'un de ceux qui faisaient cette requête, la grande ordure que ce serait s'il fallait qu'hommes et femmes leur montrassent leurs parties honteuses , il fit réponse que si on ne trouvait pas déshonnête que ceux qui oyaient les confessions contemplassent, des yeux de l'esprit, non-seulement les membres qui ont commis les actes vilains,

mais aussi les vilainies par iceux commises,
qui leur sont découvertes en la confession,
moins devait-on trouver déshonnête qu'ils regardassent ces membres des yeux corporels. Et
allégua en outre que le confesseur, en tant
qu'il représente le médecin spirituel, doit toucher son malade, ainsi que le médecin du corps
touche et manie celui qu'il visite. » (*Idem.*)

VII°. *Comment une Fille grosse, disait-elle,
par œuvre du Saint-Esprit, fut reconnue l'être
autrement.*

— « Je ferai ici le récit d'un inceste super-
latif commis par un prêtre. En un village
nommé Cherves, près de Cognac, une vierge
(c'est-à-dire une qui se disait vierge et aussi
était tenue pour telle), sœur du curé de la paroisse, fut trouvée grosse ; et d'autant qu'elle
menait une fort sainte vie en apparence, elle
faisait aisément croire au peuple que le ventre
lui était ainsi enflé par œuvre du Saint-Esprit,
et qu'elle était une seconde Vierge Marie. Le
bruit étant venu jusqu'aux oreilles du comte
d'Angoulême, père du roi François Ier, il envoya de ses gens sur le lieu pour informer
diligemment de ce cas ; d'autant qu'il se dou-

tait qu'il y avait de l'abus. La fille ayant été adjurée, en la présence de ces gens, de dire la vérité, sur la damnation de son âme, répondit à son frère le curé qui l'adjurait : « Je » prends le corps de Notre-Seigneur ici pré- » sent à ma damnation, devant vous, Mes- » sieurs, et vous mon frère, si jamais homme » m'attoucha plus que vous. » Et ce disant, elle reçut le corps de Notre-Seigneur. Les gens du comte d'Angoulême s'en retournèrent, le- quel ayant ouï leur rapport, dit que, puis- qu'elle avait juré que jamais homme ne lui avait touché non plus que son frère, il tenait pour sûr que son frère se trouverait lui avoir fait cet enfant. C'est pourquoi il fit emprison- ner le curé, qui confessa incontinent la vérité être telle ; et bientôt après il fut brûlé avec sa sœur, qui avait fait ses couches (1). » (*Idem.*)

____

(1) Ce qui ne leur serait peut-être pas advenu s'ils eussent pris dispense et absolution à la chambre des taxes apostoliques.

VIII°. *Comment un Curé montra qu'il avait la conscience bacchique.*

— « Une messe qui n'est pas dite avec du bon vin n'est pas une bonne messe : aussi les prêtres messotiers ne boivent que du meilleur. Le curé d'un certain gentilhomme ayant demandé au sommelier du meilleur, et n'ayant eu que du moindre, prit ce tour si à cœur, et l'estima si grand outrage, qu'ayant aperçu ledit sommelier assister à sa messe, il fut épris de telle colère, qu'il en perdit la parole. Le gentilhomme, qui avait grande hâte, et désirait d'avoir une messe de chasseur, d'autant qu'il avait ses chevaux qui l'attendaient devant la porte, se coléra fort d'autre côté d'une telle pause, qui prolongeait ce qu'il désirait être abrégé. Mais en la fin, il lui fut force d'envoyer son laquais demander à messire Jean quelle mouche l'avait ainsi soudainement piqué. Messire Jean répondit qu'il y avait un excommunié en la compagnie, lequel l'empêchait de poursuivre sa messe ; et ayant déclaré au laquais envoyé vers lui pour la seconde fois que c'était le sommelier, persuada aisément au gentilhomme de le chasser. Ce

qu'étant fait, il poursuivit sa messe, après laquelle le pauvre sommelier fut désexcommunié, à la charge de donner toujours à messire Jean du vin de monsieur et de madame. »
(*Idem.*)

IX°. *Comment, avec bonne intention, on peut ivrogner sans péché.*

— « Quel danger y a-t-il que les gens d'église s'enivrent, pourvu qu'ils s'enivrent à bonne intention ? Car s'il n'y a point de mal de dire *hoc est nasum meum*, au lieu de *hoc est corpus meum*, pourvu que ce soit avec intention de consacrer ; et s'il n'y a point de mal de jeter un enfant dans un puits, pourvu que ce soit avec l'intention de le baptiser, quel mal y aura-t-il non plus de s'enivrer *cum intentione missificandi ?* C'est pour cela qu'on excusa l'action d'un pauvre curé de Fère, lequel, avec intention de chanter gaîment le sacrifice de la messe, le lendemain au matin, avait si bien sacrifié à Bacchus le soir devant, que le lendemain, au lieu d'administrer le baptême à un enfant, il lui administra l'extrême-onction. Aussi était excusable celui qui ayant fait ses préparatifs le soir auquel chacun criait *le roi boit*, chantant le lendemain sa messe, s'endormit à son *Memento*, et se réveillant, cria à haute voix : *le roi boit!...* » (*Idem.*)

X°. *Comment on peut égayer les Ames du purgatoire.*

— « Un bon père, prêchant à Bordeaux, affirmait que, quand on donne de l'argent aux prêtres pour les trépassés, les âmes qui sont en purgatoire, oyant le son de l'argent qui, en tombant dans le bassin, fait *tin*, *tin*, elles se prennent tellement à rire qu'elles font *ha ha ha*, *hi hi hi.* » (*Idem.*)

XI°. *Comme quoi on peut garder un dépôt lorsqu'il n'y a pas de témoins.*

— « A Casal, en Piémont, un pauvre homme qui avait trouvé une bourse de trois cents écus, conta cela à un moine auquel il se confessait. Le moine lui remontra qu'il ne la devait pas retenir, mais la bailler à un tiers en garde, en attendant qu'on vînt la demander : il fit si bien qu'à la fin il fut lui-même ce tiers. Au bout de quelque temps, étant venu le personnage qui avait perdu la bourse,

et s'étant adressé à celui qui l'avait trouvée,
fut renvoyé audit moine qui en était le gardien.
Mais, au lieu d'en être seulement gardien, il
en voulut demeurer possesseur, et la garda
en effet; car il n'y avait d'autre témoin que
celui qui la lui avait baillée. » (*Idem.*)

XII°. *Justice ecclésiastique.*

— « Un prêtre d'Orléans étant entré en
jalousie contre une putain qu'il entretenait,
la mena en une taverne, où, après l'avoir
retirée à l'écart, feignant de se vouloir jouer à
elle, la jeta sur un lit, et d'un rasoir qu'il
avait en sa manche lui coupa la gorge. Pour lequel meurtre il ne fut condamné qu'à une
prison perpétuelle.... » (*Idem.*)

XIII°. *Facéties, et autres choses.*

— « *N'en pleurez pas; ce n'est peut-être
pas vrai.* Ce proverbe vient d'un prêtre qui
prêchait la Passion, lequel, après avoir fait
pleurer le pauvre peuple à chaudes larmes par
ses piteuses exclamations, en la fin voyant
qu'il avait le passe-temps qu'il demandait,

leur dit *qu'ils n'en pleurassent point, que ce n'était peut-être pas vrai.*

— » Un bon père, prêchant à Tours, tenait ce langage : Ces méchans huguenots rejettent totalement le Pape, et disent que nous ne devons suivre que ce que Jésus-Christ a dit ; et moi je vous dis que, quand Jésus-Christ et le Pape seraient là, assis chacun en une chaise, et que l'un me commanderait une chose, l'autre m'en commanderait une autre, j'obéirais plutôt au Pape.

— » Un cardinal étant malade à la mort, son confesseur lui disait que Jésus-Christ était plus grand que le Pape. Le cardinal répondit : Je veux que tu entendes que si Jésus-Christ venait visiblement à Rome, le Pape ne le recevrait point, si premièrement il ne s'humiliait devant lui, voire ne lui baisait la pantoufle.

— » Le propos du Pape Léon X est encore plus singulier. Ce Pape répondit au cardinal Bembo, qui lui alléguait quelque passage du nouveau Testament : que de biens nous a acquis cette fable de Jésus-Christ ! » (*Idem.*)

XIV°. *Comment un Curé fit apparaître, dans le cimetière, des âmes enflammées qui demandaient des messes.*

— « Un curé, la nuit de la Pentecôte, attacha de petites chandelles de cire allumées à des écrevisses, et les laissa aller par le cimetière. C'était une chose épouvantable de voir la nuit ces bêtes ainsi ramper autour des sépulcres, tellement que personne n'osait s'en approcher. Il en fut incontinent grand bruit ; et comme chacun s'en étonnait, le curé dit en chaire que c'étaient les âmes des trépassés qui demandaient d'être délivrées, par messes et aumônes, des peines où elles étaient. Mais cette tromperie fut découverte : car on trouva parmi les pierres deux écrevisses que le curé n'avait point cueillies, et qui avaient encore les chandelles attachées. » (*Idem.*)

XV°. *Anecdote.* — *Bon mot.* — *De la Sodomie.*

— « Milès d'Illiers, évêque de Chartres, aimait tellement à plaider, que le roi Louis XI le voulant dépêtrer d'une multitude de procès, il le supplia affectueusement de lui en laisser au moins ving-cinq ou trente pour ses menus plaisirs.......

— » Le Pape Clément VIII étant assiégé au château de Saint-Ange, avec quelques prélats de ses amis, un gentilhomme romain vint lui dire : jusqu'à présent j'ai cru que le Pape pouvait délivrer les âmes du purgatoire, et maintenant je vois qu'il ne peut se délivrer lui-même.

— » Je crois que si les prêtres, après que le mariage leur fut défendu, fussent venus d'un commun accord présenter une supplication aux Papes (en tenant la supplication d'une main et l'oblation de l'autre) pour avoir recours au sexe masculin, puisqu'on ne leur permettait d'user du féminin, ils n'eussent point été éconduits. Et ce qui me confirme davantage en cette opinion, c'est que nous lisons en la vie du Pape Sixte IV, qu'il octroya à toute la famille du cardinal de Saint-Luce d'avoir la compagnie charnelle des mâles, durant trois mois les plus chauds de l'année. Pareillement, on lit en la vie d'Alexandre VI qu'il permit à Pierre Mendozze, Espagnol, cardinal de Valence, de faire son Ganymède de son fils bâtard, nommé le marquis de Zannet. » (*Idem.*)

XVI°. *Comme quoi Abel payait la dîme et allait à la messe. — Comment l'ange Gabriel trouva la vierge Marie.*

— « Un curé savoyard, exhortant ses paroissiens à payer la dîme, leur disait : gardez-vous bien de suivre l'exemple de ce malheureux Caïn ; mais suivez celui du bon Abel. Caïn ne voulait jamais payer les dîmes ni aller à la messe : au contraire, Abel les payait très-volontiers et toujours du plus beau et du meilleur, et ne manquait pas un seul jour d'ouïr la messe.

— » Un autre disait en chair que, quand l'ange Gabriel vint à la vierge Marie, il la trouva disant les heures de Notre-Dame...... Un autre contait qu'Abraham, Isaac et Jacob, et les autres bons patriarches, ne s'allaient jamais coucher sans faire le signe de la croix, et dire leur *Pater noster* et *Ave maria....* » (*Idem.*)

XVII°. *Cas de conscience de saint Macaire.*

— « A propos de bêtes, qui se pourra garder de rire quand il lira que saint Macaire fit sept ans pénitence , dans les épines et les buissons, pour avoir tué une puce ?... » (*Idem.*)

XVIII°. *Origine de la confrairie du Rosaire.*

— « Environ l'an 1470 , sous le pape Sixte IV , un nommé Alain de la Roche, jacobin, institua la confrairie du Rosaire, et la prêcha, au lieu de l'Évangile. On publia bientôt sur cette confrairie un livre, au commencement duquel il était récité qu'un jour la vierge Marie était entrée en la chambrette dudit Alain , et lui avait fait un anneau de ses cheveux , avec lequel elle l'avait épousé, *item* , qu'elle l'avait baisé , et lui avait présenté ses tetins pour les manier et teter ; en somme , qu'elle était aussi familière avec lui qu'une femme a coutume d'être avec son mari. A cause de ces miracles , le Pape approuva ladite confrairie par des bulles , et y attacha de grandes indulgences. » (*Idem.*)

XIX°. *Comment est façonné le Trou de l'enfer.*

— « Un prédicateur , en un village de Lorraine , après avoir remontré à ses auditeurs qu'ils iraient en enfer s'ils ne s'amendaient :

Quel pensez-vous, dit-il, que soit l'enfer ?
Voyez-vous ce trou-là ? il est bien puant, mais
le trou d'enfer est encore plus puant.... Il faut
noter que ce trou qu'il montrait était le derrière
du sonneur de cloches du village, qui s'était
accordé avec lui de jouer cette farce. » (*Idem.*)

XX°. *Des Reliques.*

— « Dans le bon temps, où tout le monde
y croyait, on fit reliques de tout. Il n'a pas été
jusqu'à la queue de l'âne sur lequel Notre-Seigneur fut porté, qu'on n'en ait fait une relique
à Gênes. Et à propos de l'âne, le saint foin
aussi (c'est-à-dire le foin qui était en la crèche
où fut mis Notre-Seigneur sitôt qu'il fut né)
a eu grand bruit en Lorraine. Les porteurs de
rogatons se moquaient bien autrement des pauvres idiots ; car ils ne se contentaient pas de
dire, en déployant leur marchandise : voilà en
cette fiole du sang de Jésus-Christ, recueilli
sous la croix par la vierge Marie ; *item*, voilà
en cette autre fiole des larmes de Jésus-
Christ ; *item*, voilà du lait de la vierge Marie ;
item, voilà des cheveux de la vierge Marie ;
ils ne se contentaient, dis-je, de cela ; mais ils
étaient si effrontés qu'aucuns ont dit : en cette

boîte (mais il ne faut pas l'ouvrir) il y a du souffle de Jésus-Christ, gardé soigneusement par sa mère, depuis le temps qu'il était petit enfant.... Un prêtre de Gênes rapporta aussi de Bethléem le même souffle, avec les cornes qu'avait Moïse en descendant du mont Sinaï. » (*Idem.*)

XXI°. *De l'Infanticide au bon vieux temps.*

— « Entre autres meurtres, il faut noter ceux que commettent les femmes quand elles se font avorter. Et ce qui est bien pis, il y avait des prêtres qui persuadaient aux femmes qu'en ce faisant elles ne péchaient point mortellement. Si les morts pouvaient parler, dit Maillard, on entendrait aussi les cris des enfans jetés en naissant dans les rivières et dans les latrines. Cette cruauté, selon Pontanus, était bien plus ordinaire aux nonnains qu'aux autres. » (*Idem.*)

XXII°. *Du Livre des Taxes.*

— « Un bon catholique voit, dans le livre des *taxes*, les péchés à bon marché, et sait en un coup pour combien il doit en être quitte. Celui qui aura défloré une vierge doit six gros

(qui ne faisaient au seizième siècle que vingt-quatre sous). Quiconque aura connu charnellement, et toutefois de gré à gré, sa propre mère, sa sœur, sa cousine-germaine ou sa commère de baptême, en est quitte pour cinq gros (qui ne faisaient que vingt sous). » (D'Aubigne, *Confession catholique du sieur de Sancy.*)

XXIII°. *Comme quoi on pouvait autrefois obtenir aisément la rémission des gros péchés.*

— « Un Jésuite, interrogé sur la perplexité d'un sodomite, vous accommodera bien mieux qu'un ministre protestant. Il vous enverra au cardinal de Sourdis, qui, par sa bulle seule, pourrait remettre la sodomie et l'inceste. Il vous mettra au cou un chapelet des derniers impétrés par maître Jacques David, évêque d'Evreux. Si vous êtes Français, il vous baillera des grains bénits et vous fera dire des paroles qui vous donneront indulgence plénière. Ainsi, dans la religion catholique, les grands et les financiers ont la graine de paradis à la bourse. » (*Idem.*)

XXIV°. *Encore un mot sur le Livre des Taxes.*

— « Il me vient encore en l'esprit un prodige incroyable que je ne puis omettre ; je veux dire le livre des *Taxes de la Chancellerie apostolique.* Pourra-t-on croire qu'un vicaire de Jésus-Christ ait fait une liste de crimes énormes et d'impuretés inouïes , avec une taxe d'argent pour obtenir l'absolution de chaque péché ? J'ai acheté cette taxe dans Rome il n'y a que trois jours. On a eu honte de ce livre ; je ne l'ignore pas ; on l'a supprimé autant qu'il a été possible ; on l'a inséré dans l'indice expurgatoire du concile de Trente ; mais la tache ne s'en effacera jamais. Et après tout , les dispenses s'achètent toujours. » (MISSON , *Nouveau Voyage d'Italie.*)

XXV°. *Comme quoi il n'y a pas que saint François qui remonte les âmes en paradis.*

— Le saint pape Grégoire-le-Grand vit un jour une statue qui représentait Trajan descendant de cheval, quoique pressé de partir pour une expédition de guerre, et s'arrêtant pour rendre la justice à une bonne femme.

Il fut si touché de cette belle action, qu'il pria Dieu de retirer des enfers l'ame de Trajan ; ce qu'il obtint, disent les légendaires, mais à condition qu'il ne ferait plus à Dieu de prières semblables. » (*Éloge de l'enfer.*)

XXVI°. *Du Commerce des indulgences.*

— « Deux armateurs de Bristol s'étant engagés dans la mer du Sud, prirent un galion où ils trouvèrent, entre autres marchandises, *cinq cents balles d'indulgences*, qu'on vend à tous les bons catholiques pour le carême, en proportionnant le prix aux moyens de l'acheteur, depuis vingt sous jusqu'à cinquante écus pièce.....» (BURNET, *Histoire de la Réforme d'Angleterre.*)

XXVII°. *Comme quoi on n'obtient pas toujours facilement les dispenses papales.*

— « On a souvent remarqué, dans les taxes, qu'il fallait composer avec les officiers du Pape. On trouve une anecdote là-dessus dans une lettre de Basile Chalcondyle à Parrhasius, son beau-frère. La fille de son frère s'était laissé faire un enfant par un avocat, qui était veuf de la sœur de cette fille. Pour éviter la peine de mort, que l'un et l'autre avaient à craindre, dans un tel cas d'inceste, ils s'étaient mariés clandestinement. Mais cette cérémonie ne pouvant les garantir du péril, si le Pape ne leur accordait une dispense, Parrhasius employa tous ses amis pour obtenir cette faveur de Léon X, et pour en faire modérer les frais. On lui fit réponse que la dispense était accordée, et qu'il fallait qu'il se hâtât de venir à Rome, mais qu'il n'oubliât point de porter l'argent à quoi la dispense était taxée. — On dira peut-être que Parrhasius n'avait pas besoin de demander le prix de la dispense, puisqu'il pouvait le savoir par le livre des taxes. Mais il faut observer que, dans les cas importans, on n'obtenait rien sans s'accorder aussi avec les officiers de la chancellerie. » (*Banque du Pape.*)

XXVIII°. *Comme quoi un prêtre eut un procès, à cause qu'il était borgne.*

— On a vu que les estropiés éprouvaient des difficultés pour entrer dans les ordres. « Le prédicateur Boucher, si fameux dans la ligue pour son esprit séditieux, eut un procès au sujet de l'archidiaconat de Tournay , dont on l'avait pourvu. Le chapitre, qui s'opposait à sa réception, le voulait faire passer pour irrégulier et incapable de bénéfices , parce qu'il était borgne de l'œil gauche , infirmité que l'on n'avait pas encore remarquée depuis vingt ans qu'il était chanoine, à cause qu'il portait un œil de verre. Il se tira de ce mauvais pas avec une dispense. » (*Remarques sur la satire Menippée.*)

XXIXº. *Comment un Ecclésiastique ne put juger criminellement sans dispense.*

— « Le maréchal de Marillac fut jugé à Ruel, le 8 juin 1632, et décapité le 10 à Paris. L'arrêt de mort fut prononcé par le garde-des - sceaux l'Aubépine - Châteauneuf, qui, étant ecclésiastique , obtint une dispense de Rome pour présider à ce jugement; chose remarquable qu'un homme d'église demande une dispense, pour s'en servir à condamner un innocent. » (R. RICHARD , *le véritable Père Joseph.*)

XXX°. *Moyen aisé de tirer les Ames du purgatoire à peu de frais.*

— « Il n'y a presque point d'église qui n'ait au moins un autel *privilégié*. En vertu des bulles de plusieurs papes, toute personne qui récite cinq fois devant cet autel le *Pater noster*, l'*Ave Maria* et le *Gloria Patri*, délivre une âme du purgatoire. Or, si, pour cinq *Pater noster*, cinq *Ave Maria* et cinq *Gloria Patri*, récités devant un autel privilégié, on peut délivrer une âme du purgatoire, pourquoi donc fait-on dire des messes ? et des messes pendant un an ?.... » (GAVIN, *Remarques sur les Bulles de Clément IX et d'Urbain VIII.*)

XXXI°. *Cas de conscience : fornication par nécessité.*

— « La reine Adélaïde, veuve de Lothaire, roi d'Italie, était une des plus belles personnes de son temps. Berenger, voulant la forcer d'épouser son fils, l'assiégea dans Pavie, prit cette ville, viola cette princesse, et l'enferma ensuite dans le château de Garde, ne lui laissant qu'une de ses femmes pour la servir, et un prêtre pour lui dire la messe. Elle trouva le moyen de s'échapper de sa prison. L'archevêque de Reggio lui avait offert une retraite ; elle ne marchait que de nuit, à pied, se cachant le jour dans les blés , tandis que son aumônier allait quêter des vivres dans les villages. Un autre prêtre la rencontra , lui fit des propositions déshonnêtes , qu'elle rejeta avec dignité. — Eh bien ! lui dit-il, abandonnez-moi au moins votre servante ; sinon j'irai vous découvrir à Berenger...... La princesse , continue Mézerai , obéit à la nécessité , et la suivante à sa maîtresse. Un casuiste a trouvé que cette aventure donnait matière à un cas de conscience , qu'il a traité avec beaucoup de sagacité. » (SAINT-FOIX , *Essais sur Paris.*)

XXXII°. *Du Mariage et des Duels.*

— « Le désir de se marier et d'avoir des enfans semblait apparemment moins honnête que celui de tuer un homme. Dans les maisons des évêques, des abbés , dans les cloîtres des chapitres, il y avait une cour destinée pour les duels. On les permettait , même entre cousins-germains , tandis qu'on anathématisait et que l'on cassait les mariages entre parens ; non seulement au quatrième, mais même au septième degré. On donnait l'absolution et la communion à deux hommes qui avaient demandé le duel et qui allaient s'égorger, tandis qu'un mari et sa femme ne devaient approcher des sacremens qu'après s'être abstenus du devoir conjugal au moins pendant huit jours. Les évêques, abbés, et autres seigneurs ecclésiastiques, affranchissaient le champion qui s'était battu trois fois pour eux avec succès, c'est-à-dire qui avait tué ou assommé trois hommes ; tandis que, dans leurs sermons, ils tâchaient de noter d'infamie ceux et celles qui se mariaient en troisièmes noces. » (*Idem.*)

XXXIII°. *Des Secondes Noces.*

— « L'Église, loin d'approuver les secondes noces, les a long-temps regardées comme une *fornication tolérée.* Le concile de Saragosse, en 692, défend aux reines de se remarier, et à tout prince de les épouser ; il ordonne même qu'elles se fassent religieuses, apparemment pour en donner l'exemple aux autres femmes. » (*Idem.*)

XXXIV°. *Du Privilége de cléricature.*

— « Il a été un temps qu'en France, non-seulement tout *clerc*, mais tout homme attaché à une Église par quelque emploi, le bedeau, le sonneur de cloches, le balayeur, ne pouvaient être jugés que par des ecclésiastiques : c'est ce qu'on appelait le *privilége de cléricature.* Or, les ecclésiastiques disaient qu'aucune puissance n'avait droit sur la vie de quelqu'un qui s'était consacré à Dieu, et que, d'ailleurs, la charité chrétienne ne leur permettait pas de condamner à mort : ainsi, un clerc, quelques crimes qu'il eût commis, n'était jamais condamné qu'à des peines canoniques.

Le 19 d'avril 1416, on découvrit dans Paris la conspiration la plus horrible, presqu'au moment où elle allait éclater; les preuves en étaient si positives et si convaincantes, que ceux des conspirateurs qui n'eurent pas le temps de s'enfuir ne purent la nier, et que leur dessein était de tuer le roi, le duc de Berry, le roi et la reine de Sicile, le chancelier de Marle, Tannegui du Châtel, et plusieurs autres personnes. Ils furent tous punis de mort, excepté Guillaume d'Orgemont, quoiqu'il fût le plus coupable, étant atteint et convaincu d'avoir été le principal agent de cet exécrable complot. Il était chanoine ; l'évêque de Paris le réclama , et les juges ecclésiastiques le condamnèrent à assister à la punition de ses complices , et à être ensuite renfermé , pour le reste de ses jours , au pain et à l'eau. » (*Idem.*)

XXXV°. *Aventure miraculeuse du Diable et d'un pauvre homme , qui montre comme quoi on peut être sauvé en malfaisant avec bonne intention , si pourtant on a bon appui là-haut.*

— « Un pauvre homme parut devant le tribunal de Dieu , chargé d'un grand nombre de péchés qu'il n'avait pas dits à confesse. Satan arriva bientôt et dit : — J'ai des droits sur cet homme, qu'on se hâte de me l'adjuger. — Quels sont ces droits, demanda-t-on ? — Il y a trente ans qu'il s'est donné à moi , répondit le diable ; et depuis ce temps il m'a toujours servi avec constance...... Dieu permit au pécheur d'exposer ses moyens de défense ; mais le pécheur n'eut rien à répliquer.

Le diable dit alors : — Si cet homme a fait quelque bonne œuvre , il en a tant fait de mauvaises, qu'il est impossible de contester un instant sur mes réclamations....... Et le pécheur garda encore le silence. Mais le Seigneur considérant son trouble, et ne voulant pas le condamner si vite, lui accorda un délai de huit jours pour préparer sa défense, et comparaître alors en jugement définitif.

Le pauvre homme se retira tout triste. Il rencontra dans son chemin une dame qui lui dit : Rassure-toi, je me charge de plaider vertement ta cause à la prochaine séance. — Qui êtes-vous ? demanda-t-il. — Je suis *la Vérité*... Un peu plus loin il rencontra une autre dame qui lui promit de seconder la première, et de le bien défendre contre Satan. Cette dame lui apprit qu'elle était *la Justice*.

Le pécheur, qui s'attendait à être condamné par *la vérité* et *la justice*, reprit quelque espérance quand il se vit sûr de leur protection, et il attendit le huitième jour.

Alors il comparut de nouveau devant son juge, et le démon fit l'exposé de ses droits. *La Vérité* prouva, dans son discours, que la mort du Sauveur avait brisé le pouvoir du diable, et qu'une âme chrétienne devait entrer au ciel. *La Justice* ajouta : —Si l'accusé a servi le diable pendant trente ans, on doit l'excuser sur ce qu'il le faisait malgré lui. L'esprit malin s'était emparé de son corps , et nous savons qu'il n'obéissait qu'en murmurant à ce mauvais maître. C'est donc Satan qui est coupable de s'être posté dans le corps d'un chrétien , et d'en avoir fait son esclave. On n'est responsable que de ce qu'on fait librement.

Le diable s'écria : — Il avait son ange gardien qui lui conseillait de bien faire. C'était à lui de suivre les bons conseils, s'il avait de bonnes intentions. Vous savez qu'il est écrit : *chacun sera jugé selon ses œuvres* ; et, je le répète , cet homme a fait tant de mal , qu'on ne se rappelle pas quel bien il a pu faire..... Personne ne se présenta pour réfuter ces objections du diable. Alors le Seigneur dit : qu'on apporte une balance , et qu'on pèse les bonnes et les mauvaises actions de cet homme. L'ordre du souverain juge s'exécuta à l'instant. *La Vérité* et *la Justice* dirent au pécheur : — Vous n'avez plus d'espoir que dans la mère de miséricorde, qui est assise auprès de Dieu : invoquez-la de tout votre cœur ; elle viendra à votre secours. Le pauvre homme fit sincèrement ce qu'on lui conseillait ; et la Sainte-Vierge mit sa main sur le bassin de la balance où étaient en petit nombre les bonnes actions. Le diable, voyant qu'on le trompait, se cramponna au bassin des péchés, et chercha à l'entraîner par tout le poids de son corps. Mais la main de Marie fut plus forte que toute la personne du diable ; elle sauva ce pauvre pécheur, et Satan fut obligé de se retirer les mains vides. » (COLLIN DE PLANCY, *le Diable peint par lui-même.*)

XXXVI°. *Des Inhumations dans les Églises.*
Ex uno disce omnes.

— « L'usage d'inhumer dans les églises est un abus contraire à l'ancienne discipline, qui ne tend à rien moins qu'à diminuer le respect dû à ces lieux sacrés, à en éloigner les fidèles, par la crainte du mauvais air qu'on y respire, et qui peut avoir des suites fâcheuses qu'il convient de prévenir. — A ces causes, nous avons ordonné :

On enterrera dans les églises seulement les ministres du saint autel, et ceux d'entre les laïcs qui sont autorisés à y être inhumés, par leurs *titres*, ou par la qualité de bienfaiteurs de l'église.

Pour être bienfaiteur de l'église, et y être inhumé en cette qualité, dans les villes, on donnera à la fabrique au moins 5o liv. par chaque corps qui sera enterré dans le chœur,

et 3o liv. pour ceux qui seront inhumés dans
la nef. Dans les paroisses de la campagne, pour
être enterré dans l'église, on donnera au moins
20 liv. » (*Mandement de l'archevêque de Rouen,*
28 mai 1721.)

XXXVII°. *Fragment.*

— « François, par la grace de Dieu et l'autorité
du Saint-Siége apostolique, évêque de Bayeux,
à tous ceux qui ces présentes verront, salut et
bénédiction. Le temple du Seigneur n'est des-
tiné que pour la prière ; ce serait une chose
monstrueuse d'en vouloir faire une maison de
trafic et de commerce ; mais..... Pour la pu-
rification des femmes après leurs couches,
avec la célébration de la messe , sera payé au
curé 15 s. ; s'il n'y a point de messe 5 s. , et
au sacristain 3 s. etc.

» (*Note pour les curés d'à présent.*) Les
pauvres seront enterrés gratuitement, et enjoignons aux curés , prêtres et autres ecclésiastiques de donner dans cette occasion des
preuves de leur désintéressement, en assistant
à leur enterrement *comme s'ils étaient payés.* »
(*Mandement du 5 mars 1714.*)

XXXVIII°. *Comment des Hosties furent mangées par des animaux.*

— « Le chien barbet de Maigret mangea quatre-vingts hosties pour un déjeûner, et le tout sans boire. Et maintes fois des souris, non contentes d'aller empoigner l'hostie jusque dans son armoire, ont bien été si braves que de la prendre sur l'autel, quand le prêtre s'endormait au *Memento* : ce que nous savons être advenu à Sainte-Marie, et à Paris, au temple Saint-Merri. Les chrétiens devaient être rendus plus sages par tels accidens, et discourir en leurs entendemens combien ils étaient loin de leur compte d'attribuer divinité à un tel morceau de pâte qui se laissait ainsi gober par une souris (1). Mais au contraire ils ajoutaient folie à folie quand telles choses advenaient. Comme, par exemple, à Lodève en Gascogne, au lieu que la souris qui avait mangé ce Dieu leur devait faire ouvrir les yeux, non-seulement ils ne laissèrent pour cela d'attri- buer aux autres morceaux de pâte ses com-

------

(1) Notez que c'est un grand hérétique qui parle.

pagnons autant de divinité qu'auparavant ,
mais canonisèrent la souris , l'appelant *sainte
souris*. Un pareil abrutissement fut vu pendant
les derniers troubles qui ont été en France ;
car un certain gentilhomme , ayant ouï sonner
une clochette en un village par lequel il passait ,
demanda ce qu'elle signifiait ; et ayant entendu
qu'elle avertissait qu'on allait lever Dieu , il
y alla , empoigna l'hostie et la présenta à son
cheval , devant toute l'assistance des auditeurs
de la messe, qui regardaient cet acte avec un
merveilleux étonnement. Mais incontinent
qu'ils virent ce cheval tendre les babines quand
on lui approchait ce Dieu , ils commencèrent
à dire : puisque ce cheval fait cela , c'est bien
signe qu'il a accoutumé de faire ses pasques... »
(HENRI ETIENNE. *Apologie pour Hérodote.*)

XXXIX°. *Comme quoi les Jésuites sont plus accommodans que les Jansénistes.*

— « Un fort honnête bourgeois de Florence ,
se trouvant à Paris , voulut y prendre femme.
Il choisit une jeune beauté qui , jusqu'alors ,
avait été élevée dans le fond d'un couvent ;
elle était aussi novice que belle. Le vicieux
Italien fut tenté de profiter de son innocence.

Il avait lu plusieurs fois la sage décision du jésuite Sanchès. « Je puis, disait-il, en sûreté » de conscience allier le goût florentin à » celui du pays que j'habite. Le grand désir » que j'ai d'avoir des enfans est une excuse lé- » gitime. J'ai pris dans mon pays une cou- » tume qui ne me permet point de changer » tout-à coup entièrement de méthode. » Ayant raisonné sur des principes aussi sensés, le Florentin commençait toujours son travail matrimonial à l'italienne, et le finissait à la française. Cela dura pendant plus de deux ans ; mais enfin il lui vint certains scrupules qui lui faisaient de la peine. Il entendait dire à Paris que De Chaufour avait été bien et dû- ment brûlé en place de Grève, malgré les décisions de Sanchès ; il apprenait tous les jours que les Hollandais punissaient sévèrement et sans espoir de pardon, les gens qui étaient convaincus de suivre les coutumes et les maximes gomorréennes. « Il se pourrait bien » faire, dit-il, que je fusse dans l'erreur, que » le casuiste espagnol se fût trompé, et qu'il » ne serait jamais permis, sous quelque pré- » texte que ce soit, de s'écarter de la voie » commune. Je veux, pour tranquilliser ma » conscience, m'éclaircir du fait. Que sait-on ?

» Peut-être ce qui n'est regardé en Italie que
» comme une pécadille, devient-il en France
» un péché mortel, et très mortel. Un homme
» de sens doit s'accoutumer aux coutumes et
» aux lois des pays qu'il habite, *Quando eris Ro-*
» *mæ, Romano vivito more.* Si je suis jamais à
» Rome, je reprendrai mon ancien train ;
» mais je veux savoir ce que je dois faire à
» Paris. »

Le sensé Florentin crut ne pouvoir pas
mieux choisir, pour éclaircir ses doutes, qu'un
Père de l'Oratoire de ses amis et des parens
de sa femme. Il va le trouver, et le prie de
l'écouter en confession. A peine a-t-il expli-
qué son cas au rigide Janséniste, que celui-ci,
entrant en convulsion, s'écrie d'un ton colère :
« Allez, tison d'enfer ! retirez-vous ; fuyez
» loin de ces lieux ; je crains que vous n'em-
» pestiez l'air que je respire. Il n'est aucun
» espoir pour votre salut, si, par des torrens
» de larmes, vous n'expiez vos crimes. N'at-
» tendez pas que je vous donne l'absolution;
» il faut auparavant des années entières de pé-
» nitence et de repentir. »

Le pauvre Italien fut excessivement surpris
du courroux de l'Oratorien ; peu s'en fallut
qu'il n'entrât dans le désespoir, et ne se pré-

cipitât dans l'impénitence finale. Considérez combien un casuiste qui n'est pas au fait de certaines matières peut causer de maux. Heureusement l'Italien s'avisa d'aller consulter un habile Jésuite, qui poss'dait son Sanchès sur le bout du doigt. Il confessa sa faute en tremblant ; le confesseur l'écouta d'une manière tranquille, et comme il convient à un directeur d'entendre un pénitent. « Mon fils,
» lui dit-il ensuite d'un ton doux et pieux, je
» crains que vous n'ayez commis un grand
» péché ; car vous ne me dites point si la fin
» de votre action s'est terminée *ad actum ge-*
» *nerationis*. Répondez sincèrement. En com-
» mençant illicitement, avez-vous fini licite-
» ment, et de façon à espérer de procréer des
» enfans ? — Oui, mon très-révérend Père, ré-
» pondit le Florentin ; à telles enseignes que
» mon épouse est enceinte. — Ho, ho ! répli-
» qua le Jésuite, cela commence à prendre
» une autre face. Dites-moi : la coutume dont
» vous usez vous est-elle absolument néces-
» saire pour accomplir les fonctions du ma-
» riage ? est-ce une habitude dont vous ne
» puissiez vous défaire ? — Elle m'est aussi com-
» mune, repartit le Florentin, que le vin aux
» Allemands et le genièvre aux Hollandais. —

» Cela étant ainsi, dit le casuiste, continuez tou-
» jours de même. — Mais, mon Père, répliqua
» l'Italien, le Père St.-Sarnin de l'Oratoire,
» auquel j'ai été me confesser l'autre jour,
» m'assura que je serais damné si je per-
» sistais dans cette habitude. Ah ! vraiment,
» reprit le Jésuite, voilà une décision à l'o-
» ratorienne. Allez, allez ; dites au Père
» St.-Sarnin qu'il lise Sanchès, et qu'il ap-
» prenne à faire des enfans, avant de vou-
» loir se mêler de confesser. *Ego te absolvo,*
» *tantum quantum possum, et tu indiges.* »

Le Florentin remercia le Jésuite dans les
termes les plus vifs et les plus expressifs. « Je
» vous dois mon salut, lui dit-il, mon Père,
» et ma tranquillité : sans vous, je serais
» tombé dans le désespoir. Puisse naître dans
» votre société une foule de casuistes dont
» les décisions soient aussi utiles et aussi pro-
» fitables au bien de la société et à la tranquil-
» lité des consciences ! » (D'Argens, *Lettres*
cabalistiques.)

DIALOGUE

ENTRE L'ARÉTIN ET LE JÉSUITE SANCHÈS,

PAR LE MARQUIS D'ARGENS.

Sᴀɴᴄʜᴇ̀s. — Je ne comprends point en vérité comment vous pûtes pousser la débauche jusqu'à oser publier votre infame ouvrage, intitulé : *Il libro dei sonnetti, e delle figure lussuriose*, dans lequel vous avez fait graver, en dix-huit planches, toutes les attitudes les plus luxurieuses qu'un amant qui cherche à raffiner dans les plaisirs amoureux était capable de prendre. Vous eûtes soin d'ajouter un sonnet à chacune de ces estampes, et vous joignîtes à toutes ces choses ordurières un Dialogue, intitulé : *La Puttana errante*, dans lequel vous traitâtes fort au long *de i diversi conjungamenti*. Vous craigniez apparemment que vos sonnets ne pussent suffire à expliquer assez clairement la matière que vous traitiez.

Aʀᴇ́ᴛɪɴ. — Je m'étonne que vous me reprochiez ma façon d'écrire impudique ; mon dessein était d'être utile aux femmes, et de leur fournir des moyens pour pouvoir entretenir et accroître l'amour de leurs maris ou de leurs amans. Il me paraît que vous n'êtes guères en droit de condamner mon attention pour le beau sexe; vous lui avez été pour le moins aussi favorable que moi. Vos égards pour lui se sont étendus jusques aux vieilles femmes; vous avez soutenu que, quelque âgées qu'elles fussent, on ne devait jamais refuser de les marier, parce que l'état de femme emportant celui de patient, et non point celui d'agent, la chaleur de la jeunesse ne leur était pasd'une nécessité absolue (1). Vous les comparez ensuite à des vases qui sont faits

---

(1) Quelques gens trop scrupuleux diront peut-être que j'ai mal fait de traduire des impuretés aussi grandes; mais ils changeront de sentiment s'ils réfléchissent que mon unique but a été de flétrir la mémoire de l'auteur qui les a le premier données au Public, et de couvrir de confusion les Jésuites, qui non-seulement ont permis l'impression de l'ouvrage impudique de leur confrère Sanchès; mais qui s'obstinent encore à le défendre, et qui même osent en parler comme d'un excellent livre. Les lecteurs jugeront, après avoir lu ce dialogue, s'il ne faut pas que ces Pères aient perdu toute honte.

uniquement pour recevoir. Vous n'avez pas la même complaisance pour les hommes ; et dès qu'ils sont trop vieux , vous voulez qu'ils ne puissent plus contracter des mariages légitimes. Vous distinguez sagement la différence des emplois du vase et du jardinier : le jardinier doit verser , il faut pour cela une force marquée ; le vase , pour recevoir , n'a point besoin de se mouvoir. Or , dès que le jardinier ne peut plus hausser le bras, il lui est impossible d'arroser : par cette même raison , un mari trop âgé ne peut plus remplir les fonctions du mariage : donc il ne saurait le contracter légitimement.

J'adoucis , comme vous voyez, les termes dont vous vous servez ; et quoique vous m'accusiez d'être impudique, je ne le suis point encore assez pour oser nommer les choses les plus sales aussi crûment que vous faites. Mais enfin cela ne sert en rien à notre dispute; il s'agit de savoir si vous n'avez pas aussi favorisé le beau sexe dans vos décisions que moi dans mes dialogues.

Sanchès. — Comment pouvez-vous dire que j'aie eu de grands égards pour les femmes, moi qui les soumets à subir tous les chagrins que leur peut causer la faiblesse du tempérament d'un mari peu vigoureux ? N'ai-je pas décidé en termes précis que, si une jeune femme possède un bien si parfait, qu'il ne puisse lui être enlevé par un mari, à qui, non pas la bonne volonté, mais les forces manquent, il faut que cette jeune femme souffre qu'un barbare ciseau fasse une opération qui n'était réservée qu'à l'amour, et qu'on élargisse impitoyablement les voies qui peuvent conduire l'époux à une entière jouissance ?

Ce que je prononce en faveur des maris que la nature a trop avantagés n'est pas moins dur au beau sexe que ce que j'ai décidé sur la facilité qu'on doit donner à ceux qui ne l'ont point été assez. J'établis, comme une chose certaine, que quelque monstrueux que soit un mari, il faut que sa femme prenne patience, et qu'elle ait recours au chirurgien, dès qu'elle ne court point risque de la vie. Un homme, fût-il aussi puissant que Priape, et une femme aussi parfaite que Minerve, cette contrariété si grande ne porte aucun préjudice au mari ; une main cruelle dût-elle faire une ouverture plus large que celle de la caverne de la Sibylle, il faut que le mari puisse jouir de tous ses droits. Après des arrêts aussi peu favorables aux femmes, et

surtout à celles pour lesquelles on a ordinairement dans le monde le plus d'inclination ,
pouvez-vous me taxer d'avoir songé à leur être
utile dans mon ouvrage ?

Arétin. — Vous faites un peu trop valoir
cette incision dont vous parlez tant. Je pourrais
vous dire que c'était sans risque pour le beau
sexe que vous l'établissiez comme une chose nécessaire, surtout dans le cas où le mari se trouvait trop avantagé. L'aviez-vous jamais vu ar-
river pendant votre vie? Pour moi, je vous
avoue que je n'avais jamais soupçonné qu'il
fût besoin de décider quelque chose sur une
pareille matière. Cependant, pour abréger
toutes les disputes inutiles, je conviendrai,
si vous voulez, que votre décision peut être
utile quelquefois ; mais vous y avez apporté
de si grands ménagemens, vous l'avez accompagnée de tant de clauses, qu'il est aisé de
voir votre attention pour l'intérêt et le salut du
beau sexe. Vous ne voulez point qu'un mari
puisse lui-même se faciliter les plaisirs que lui
interdit sa faiblesse ou sa grosseur. Non-seulement vous lui défendez de se servir de quelque
instrument de fer ou de bois ; mais vous ne
voulez pas même qu'il emploie les doigts ; vous
craigniez qu'il ne dérangeât par son ignorance

quelque chose dans le temple de l'Amour; vous exigez que ce soit un architecte, qui en connaisse la structure et la construction, qui fasse les réparations nécessaires.

Ne découvre-t-on pas aisément dans ces ordres, si utiles à la conservation des beautés les plus cachées du sexe, l'amitié et la tendresse que vous aviez pour lui? Il me sera aisé de vous convaincre entièrement, par plusieurs autres endroits de vos ouvrages, que vous étiez bien plus commode pour les femmes que les médecins, qui marquent certains temps dans l'année où les plaisirs amoureux doivent être interdits. Si tous les suppôts d'Hippocrate avaient été aussi complaisans que vous, Cléantis ne se fut jamais plainte des jours caniculaires. Vous n'exceptez aucun jour de l'année; et les jours de fête, quelque solennels qu'ils soient, n'en doivent pas moins être des jours de mariage. Vous mettez la conscience de toutes les dévotes en repos, soit par les lois divines, soit par les lois humaines; le calendrier des saints n'a aucune influence sur le mariage. Quel bonheur pour la jeune Italienne dont parlent Bocace et la Fontaine! Si elle avait su votre décision, elle l'eût sans doute opposée à tous les préceptes de son mari.

Je poursuivrai les avantages que vous accordez si libéralement aux femmes. Votre prévoyance pour elles s'étend jusqu'aux actions les plus secrètes de l'hymen ; vous dispensez les femmes de tous les soins qui pourraient les embarrasser dans les combats amoureux ; vous laissez à leur choix d'être promptes ou lentes, et vous apportez une foule d'autorités pour prouver que le comble de leurs plaisirs étant inutile à la génération, elles sont les maîtresses de hâter ou de reculer le moment le plus fortuné de la jouissance. Vous citez les exemples de bien des femmes qui ont conçu dans le bain, quoiqu'elles ne participassent point aux plaisirs qu'elles procuraient à leurs amans ou à leurs maris ; vous concluez ensuite, fortifié dans votre sentiment de l'autorité de plusieurs sages Jésuites, qu'un mari n'est point coupable lorsque, connaissant la vivacité de sa femme, il prélude quelque temps auparavant pour pouvoir être plus en état de mettre les instrumens à un unisson parfaitement juste.

Voilà qui est fort utile et fort commode pour les femmes d'un tempérament prompt ; on ne saurait leur prescrire des préceptes qui pussent leur paraître plus agréables. Il semble même que vou vouliez faire une nécessité à un mari de songer à fournir toujours également la carrière avec son épouse; car vous remarquez que, quoique le plaisir parfait de l'amour dans les femmes ne soit point nécessaire à la génération, cependant la sage nature, qui ne fait rien en vain, a voulu que le concert mutuel des plaisirs du mari et de la femme facilitât la procréation des enfans.

Vos précautions pour la tranquillité des dames ne se sont point arrêtées à ces premières observations : vous avez prévu tout ce qui pouvait les fatiguer, diminuer leur beauté et altérer la fraîcheur de leur teint; vous leur permettez de cesser le combat amoureux toutes les fois qu'elles se sentent trop fatiguées. Il est vrai que vous apportez une clause qui met une restriction à votre décision : c'est qu'il faut que le mari ait auparavant rempli en entier les fonctions du mariage; mais votre opinion n'en est pas moins favorable aux femmes d'un tempérament froid et lent. Il était bien juste qu'après avoir pourvu aux besoins de celles qui ont trop de vivacité, en ordonnant à leurs maris de s'exciter avant le combat, vous eussiez pour les autres la même attention.

Il s'en faut bien que vous ayez marqué les

mêmes égards pour les hommes. Vous leur faites
un crime de pouvoir s'arrêter au milieu de leur
course : en dussent-ils crever, il faut qu'ils fournissent entièrement la carrière. Vous ne traitez
guère mieux les maris, que le courrier du cabinet
les chevaux de poste. Les adoucissemens que
vous dites que quelques auteurs apportent à une
décision aussi pénible pour les maris fatigués,
ou d'un tempérament faible, ne portent aucun préjudice au beau sexe ; car ceux qui pa-
raissent, selon vous, les plus favorables aux
hommes, ne laissent pas que de vouloir qu'un
mari ne puisse s'arrêter dans la carrière que du
consentement de son épouse. Car si, semblable
à une plante prête à sécher, elle demande d'être
arrosée, le mari ne peut sans crime lui refuser
cette rosée prolifique qui lui est si nécessaire ;
il manquerait à l'équité et à la charité.

Vous avez favorisé encore plus les femmes
dans les deux thèses que vous agitez dans votre
17ᵉ dispute du Devoir conjugal. Vous prenez
avec chaleur la défense de ces jeunes victimes
qu'un barbare Italien voudrait sacrifier au goût
dépravé de sa nation ; vous mettez le beau
sexe à couvert de toutes les fausses attaques ;
vous leur fournissez des armes contre l'impudicité de leurs maris ; vous remarquez avec

raison que le pouvoir d'un époux ne s'étend point sur son épouse jusqu'à la forcer de commettre un crime énorme. Après avoir fourni des moyens aux femmes de résister aux séductions dépravées de leurs maris, vous éclaircissez un second point, qui n'est pas moins nécessaire que le premier. Quelques personnes, qui souvent ne se soucient point d'avoir des enfans, s'interrompent dans leurs plaisirs amoureux; il arrive souvent qu'un mari n'arrose jamais la terre qu'il cultive : il pèche mortellement en agissant de même; mais sa femme est exempte de tout crime, parce que ce n'est point sa faute si son mari ne fournit point entièrement la carrière. Quant à elle, elle se prête à une œuvre permise, et elle est assez fâchée de la malice de son mari pour qu'elle ne doive point en répondre. Peut-on pousser plus loin l'attention pour le beau sexe, que d'éclaircir, d'une manière aussi précise et aussi claire, toutes les choses qui pourraient donner quelques scrupules aux femmes trop dévotes? D'ailleurs, dans cette dernière décision, tout homme qui triche sa femme trouve sa condamnation éternelle.

Voici un autre cas que vous avez traité d'une manière aussi favorable au beau sexe.

Vous demandez s'il est permis, pendant le déduit, à une femme de songer à un autre qu'à son mari. Vous convenez que tous les casuistes traitent de péché mortel la direction d'intention dans cette occasion ; mais vous trouvez un excellent expédient pour ne pas priver les femmes d'un plaisir qui ne laisse pas que de donner un nouveau goût à ceux que l'hymen leur prodigue. Vous concluez donc que si une femme, dans le moment où elle remplit les devoirs du mariage, n'est occupée de l'idée de la beauté de quelque homme que pour s'exciter à l'acte conjugal et pour en augmenter les charmes, elle ne commet aucun crime, puisque sa direction d'intention a pour objet une bonne fin.

Après tant de décisions si formelles en faveur du beau sexe, pouvez-vous nier que vous n'ayez été pour le moins aussi prévenu pour lui que je l'étais ? On ne prend point les intérêts de quelqu'un avec autant de feu lorsqu'il nous est indifférent. Vous avez beau me reprocher mes débauches, je concluerai toujours de vos ouvrages que vous avez aimé les femmes pour le moins autant que moi.

SANCHÈS. — Pouvez-vous me taxer d'avoir été aussi impudique que vous, moi qui fus toujours si soigneux de conserver ma chasteté? Il est peu de fameux théologiens de la Société qui n'en aient fait l'éloge. Sotuel certifie que je conservai jusques au tombeau ma virginité immaculée ; Théophile Renaud atteste la même chose ; le Jésuite Joannes Combrecius a appris, après ma mort, à tout l'univers que c'était par les ordres du ciel que j'étais entré dans la Société. Peut-être ignorez-vous le miracle qui arriva à cette occasion. J'avais une grande difficulté de parler : ma langue fut déliée tout-à-coup. Ribadenéïra, dans les éloges qu'il a faits des auteurs jésuites, loue excessivement l'ouvrage que vous condamnez si fort, et fait mention du même miracle arrivé en ma faveur, dont parle Joannes Combrecius. Le pape Clément VIII a donné des éloges très-pompeux à mes Disputes sur le sacrement du mariage : en me reprochant d'avoir violé les règles de la chasteté, c'est condamner les décisions d'un souverain pontife.

D'ailleurs, je puis dire, pour m'excuser, que je n'ai écrit que pour des confesseurs ou des jurisconsultes : il faut absolument qu'un auteur qui travaille pour de pareilles gens éclaircisse à fond les matières qu'il traite. Aurait-on raison de trouver mauvais qu'un habile anatomiste, écrivant sur les parties de la génération, entrât dans un détail qui blesserait les oreilles d'un homme du monde, qui, par son état, ne serait point obligé de connaître à fond l'anatomie ? Les questions que j'ai agitées intéressent autant les confesseurs et les jurisconsultes, que la connaissance des parties secrètes les chirurgiens ou les accoucheurs. Quant à vous, vous n'avez aucune raison pour agiter les matières sur lesquelles vous avez écrit; votre unique but était d'exciter les libertins à la débauche. Vous ne vous contentiez pas d'ailleurs d'être impudique, vous étiez aussi médisant que luxurieux; vous déchiriez les personnes les plus respectables; vous n'épargniez pas même les plus grands princes. Vous n'ignorez pas la fameuse épitaphe qu'on fit après votre mort, dans laquelle on dit « que si vous respectâtes la Divinité, et si vous » n'en médîtes point, c'est que vous ne la » connaissiez pas. » A tant de crimes ajoutez celui de l'hypocrisie dans lequel vous tombâtes si souvent, composant tantôt des ouvrages sur des matières de dévotion, et tantôt sur des sujets infâmes. Vous convenez vous-même de ce fait, et vous dites que c'était pour prouver au public la fécondité et la vivacité de votre génie; mais l'on sait assez dans le public que ce n'était point là votre but. En composant des ouvrages de dévotion, vous trompiez quelques femmes de condition dévotes, auxquelles vous les offriez pour en avoir de l'argent; et quant aux écrits sales que vous publiez, vous contentiez votre tempérament, porté à la débauche la plus outrée. L'inclination que vous aviez à l'impudicité était si violente, qu'elle vous coûta la vie. Vous savez que le plaisir d'entendre des discours sales vous transporta si fort de joie, et vous fit rire à un tel excès, qu'oubliant que vous étiez assis, vous renversâtes votre chaise et vous blessâtes, de manière que vous mourûtes sur l'heure. Voilà une mort digne de la vie que vous aviez menée.

ARÉTIN. — En vérité, vous avez bonne grâce à citer, pour prouver votre chasteté et votre amour pour la pudeur, les écrivains, vos confrères les révérends Pères Jésuites. Et qui doute qu'ils n'aient fait tout ce qu'ils ont pu pour justifier dans le public les infamies que vous avez écrites? On sait assez que la coutume de la Société est d'excuser toutes les fautes de ses membres. Elle a bien osé prendre la défense du Père Girard; pourquoi n'aurait-elle point embrassé la vôtre? Si vous avez écrit les choses du monde les plus impures et les plus sales, cet autre Jésuite les avait faites : l'un vaut bien l'autre. Laissons donc à part le miracle dont parlent vos pères, ainsi que les louanges qu'ils vous donnent. Dites-moi, mon cher ami, croyez-vous le public assez sot pour penser que vous ayez pu lui présenter autant de saletés sans que votre esprit les ait jamais communiquées à votre cœur? Vous dites que vous avez travaillé pour les jurisconsultes et pour les confesseurs ; si cela était, vous n'auriez dû agiter que des questions qui les regardassent ; mais vous en avez traité un nombre d'aussi sales qu'inutiles , qui roulent sur des faits qui ne sont jamais arrivés , et qui n'arriveront jamais. Un magistrat, aussi sage qu'éclairé , crut ne pouvoir rendre un plus grand service au public que de défendre votre livre; c'est un auteur fort sincère qui certifie cette défense : « Une des dignes » actions, dit-il, de M. le président le Jay , » lorsqu'il était lieutenant-civil à Paris , ce fut » d'avoir fait faire la perquisition du Livre de » Thomas Sanchès , et défense aux libraires » de Paris d'en avoir , sous peine de la hart. »

Il s'en faut bien que mes ouvrages aient

jamais été proscrits d'une manière si infa-
mante.

Lorsque vous m'accusez d'avoir été aussi
médisant qu'impudique, je pourrais vous dire
que les gens d'esprit ont regardé mes écrits
comme très-utiles à la société civile. En blâ-
mant hardiment les défauts des grands, je
leur faisais honte de leurs vices, et les forçais
à devenir meilleurs. « Vous ne savez peut-être
» pas, m'écrivait un de mes amis, que vous
» vous êtes plus soumis de princes par votre
» plume, que le plus grand potentat par ses
» armes. Vos écrits inspirent de la terreur. »
Les vôtres, à coup sûr, ne produisaient pas
un pareil effet.

Sanchès. — Il fallait que le seigneur Strozzi
ne vous craignît guère, puisqu'il vous fit me-
nacer de vous faire tuer dans votre lit, si vous
osiez une seconde fois vous aviser de plaisanter
sur son compte. Vous eûtes une si grande
peur qu'il n'exécutât ce qu'il disait, que, pendant tout le temps qu'il demeura à Venise,
vous n'osâtes sortir de votre maison, ni jour
ni nuit. Si les princes qui avaient assez de complaisance pour vous faire des présens avaient
agi comme le seigneur Strozzi, ou qu'ils
vous eussent fait donner des coups de bâton,

comme firent deux petits gentilshommes pa-douans contre lesquels vous aviez fait des vers satiriques, tous les grands progrès que votre plume avait faits se seraient bientôt évanouis.

ARÉTIN. — En rappelant quelques aventures disgracieuses qui me sont arrivées, vous ne diminuez point la réputation que je me suis acquise. Si tous les satiriques imitaient mon exemple, on verrait tôt ou tard les grands seigneurs respecter la vertu et la probité. Enfin, il faut bien que je ne sois pas plus coupable que vous, puisque vous êtes condamné, ainsi que moi, à rester un million d'années dans les enfers, et à être anéanti ensuite pour jamais.

PIÈCES ANTIDOTIQUES.

N°. Ier.

Lettre pseudonyme adressée à Michel Lourdet,
Frère Ignorantin, à Paris.

Le temps de l'abomination et de la désolation, prédit par le prophète Daniel, est arrivé ; les prodiges, précurseurs de l'Antechrist, sont consommés ; le puits de l'Apocalypse est ouvert ; les sept sceaux sont brisés ; la fumée qui s'échappe de l'abîme a fait pâlir les étoiles du firmament.

La presse reproduit d'infâmes ouvrages, inspirés par Satan et ses anges, contre la religion ; les lois de l'Eglise sont méprisées ; l'enseignement mutuel se propage ; on fait gras en carême, et on parle de liberté.

Frère, veillez et priez, de peur de tomber dans la tentation. Allez toujours droit dans la carrière, en vous illuminant du flambeau de la foi. Ne désespérez pas de voir l'Eglise rendue à son lustre primitif, par les soins de son digne époux Pie VII, notre Saint-Père ; et dites avec componction, avant de vous mettre au lit, ce verset de la sainte Ecriture : « L'époux se » gaudira sur l'épouse, et il sera au milieu. » *Alleluia.* »

Jean CHOUART,
de la Compagnie de Jésus.

Nᵒ. II.

*Circulaire confidentielle adressée aux Jésuites
de France.*

Nous, Ignace Trufaldini, inquisiteur de la foi, *in partibus infidelium*, et provincial des Jésuites de Picardie, à tous ceux de notre milice sainte, salut et bénédiction en notre saint fondateur.

Frères et amis, un esprit de trouble, de sédition et d'impiété a produit les tempêtes qui, dans ces derniers temps, ont fait chavirer la barque de saint Pierre. Le souverain pontife regnant a jugé, dans sa sagesse infaillible, qu'il était temps enfin de trouver des moyens qui, sous le prétexte de relever la foi et de rétablir la religion, assurassent à l'Eglise, comme par le passé, la suprématie dans les affaires temporelles. Sentinelles avancées de l'armée pontificale, nous justifierons la confiance du Saint-Père, le seul d'entre les souverains qui nous protége solidement, parce qu'il est le seul aussi dont nous servions les intérêts.

C'est dans ces intentions que nous avons déjà pulvérisé, réduit en cendres les libelles odieux des Voltaire, des Rousseau, et des monstres qui leur ressemblent. C'est dans ces intentions que je vous signale une œuvre impie intitulée : *Taxes des parties casuelles de la boutique du Pape, avec des commentaires.* Les faibles dans la foi seront ébranlés., les forts seront réduits à gémir, ne pouvant sans péril employer leur puissance.

Dans les beaux siècles de l'Eglise, le bourreau aurait fait justice des auteurs, et la flamme aurait purifié le monde chrétien de ce tissu épouvantable d'atrocités et d'horreurs. Nous avons tenté vainement de soulever le ministère public contre ce libelle ; il n'y a plus de foi en France ; la religion, captive dans Jérusalem, reste sans appui ; la philosophie aveugle tous les cœurs ; si nous laissons faire, notre règne est passé.

Par les entrailles de notre mère la sainte

Église, nous vous conjurons, chers frères et amis, de décrier les Jansénistes et les philosophes, qui font cause commune. Annoncez hardiment aux fidèles que ces constitutionnels qui veulent la Charte sont les mêmes qui ont refusé la constitution *Unigenitus*. Publiez que ces fameux libéraux ne sont que des Jacobins, d'une nuance moins rouge en apparence, mais d'autant plus perfides, qu'ils savent emmieller leur coupe empoisonnée.

Enflammez-vous d'un saint zèle pour Rome, notre protectrice. Tonnez contre les auteurs et lecteurs de la *Minerve* et des feuilles révolutionnaires. Elevez jusqu'au ciel la piété et la bonne foi des hommes monarchiques. Ne faites pas de tels discours publiquement, de peur de donner à rire aux athées ; mais parlez devant des gens sûrs et de bonne vie, qui, persuadés que la monarchie touche à une prochaine dissolution, nous serviront de toutes leurs forces.

Aggrégez à nos travaux les respectables frères Ignorantins, gens assez éclairés pour se faire martyrs, s'il le fallait. Vous les gagnerez sans doute en prêchant contre l'enseignement mutuel, qui les attaque, comme on dit, *par le ventre.*

Quand verrai-je la France revenue aux anciens principes, l'Eglise dans sa gloire, la dîme rendue aux pasteurs, les dotations aux monastères, les annates au souverain pontife ?..... Alors j'aurai assez vécu ; et dans les transports de mon allégresse, je m'écrierai avec le vieillard Siméon : « C'est maintenant, Seigneur, » que vous laissez partir en paix votre petit » serviteur Trufaldini, puisque mes yeux ont » vu le salut de la France. »

En attendant, et par mesure provisoire, nous publions, en notre qualité de grand inquisiteur, le décret ci-joint, que vous ferez exécuter en sa forme et teneur.

Ignace TRUFALDINI.

N°. III.

Décret du Provincial des Jésuites de Picardie, Inquisiteur de la foi en France.

ARTICLE PREMIER. — Les libelles impies et obscènes, dont nous avons dernièrement envoyé la liste aux fidèles, sont à l'*index*, de par la cour de Rome.

ART. II. — Le livre intitulé : *Taxes des parties casuelles de la boutique du Pape, avec des commentaires*, est et demeure pareillement frappé des censures de l'Eglise, comme manifestement hérétique et schismatique.

ART. III. — Il est défendu à tous fidèles, sous peine d'excommunication majeure, de lire et communiquer ledit livre et lesdits libelles.

ART. IV. — Anathème est également prononcé contre ceux qui se nomment libéraux ou constitutionnels, et contre ceux qui lisent les journaux ou feuilles libérales. Nous enjoignons aux prêtres de leur refuser la sépulture ecclésiastique.

ART. V. — En vertu des pouvoirs qui nous sont confiés, nous accordons cent vingt jours d'indulgence aux auteurs, et soixante aux lecteurs de la *Quotidienne*, du *Journal des Débats*, et de l'estimable *Gazette de France*.

ART. VI. — Ceux des fidèles qui, étant contrits de leurs péchés, justifieront qu'ils sont abonnés au *Conservateur*, gagneront indulgence plénière *in articulo mortis*, moyennant toutefois la rétribution, très-modique à la vérité, de trois ducats et six carlins.

ART. VII. — Chaque Jésuite accordera les indulgences, avec rabais de moitié, aux lecteurs assidus du *Drapeau blanc*.

Art. viii. — Il sera fait remise de vingt-cinq pour cent aux missionnaires qui sauront débiter des indulgences pour six cents livres tournois et au-delà.

Art. ix. — Nous invitons les respectables Frères Ignorantins de la Doctrine chrétienne à se servir, pour les hautes classes de leurs écoles, d'un nouvel ouvrage de l'abbé Simonnet, fils de l'abbé Fiard, notre confrère, ayant pour titre : *Réalité de la Magie et des Apparitions*, ou *Contre-poison du Dictionnaire infernal*. Ce livre se vend chez Brajeux, rue du Foin Saint-Jacques.

Art. x. — Il sera chanté, pour le repos de l'âme des enfans morts de la petite-vérole, un *De profundis* en faux bourdon ; et un *Libera* en fausset pour les chrétiens des confréries attaqués de maladies plus considérables. Ce service se fera chaque année, le jour des Innocens.

Donné en notre maison professe de Picardie, l'an de grâce 1820, le jour de Saint-Eutrope, qui guérit les hydropiques, à l'heure de nones.

Signé Ignace TRUFALDINI.

Par Monseigneur le Provincial,

Inquisiteur de la foi.

Contresigné GIRARD,

Secrétaire de la Compagnie.

Nº. IV.

Note secrète envoyée à Rome, par le Provincial des Jésuites de Picardie, au Général de la sainte milice. (Traduit de l'italien.)

TRÈS-RÉVÉREND PÈRE,

Docile aux ordres que votre paternité m'a donnés, je vais vous signaler les désordres que moi et ceux de ma compagnie avons remarqués en France, jusqu'aujourd'hui.

Le royaume très-chrétien ne mérite plus ce nom. Vous savez quelles vastes conspirations se sont formées pour le rejet du concordat, que tous nos efforts n'ont pu faire passer, et qui ne passera peut-être de long-temps.

En vérité, il faudrait désespérer de connaître à Rome l'argent de France, s'il n'y avait encore ici des prêtres selon votre cœur, qui prêchent publiquement sur l'infaillibilité du Saint-Père, et qui s'efforcent de renverser avec adresse les prétendues libertés de l'église gallicane.

Il a été fait refus de sépulture à plusieurs philosophes. L'édification des âmes pieuses a été en proportion des clameurs des impies.

Pour ce qui est de la politique, nos affaires n'avancent qu'avec lenteur. Nous recevons, il est vrai, de grosses sommes d'argent; mais elles sont bientôt dissipées, puisque, de ceux que nous faisons communier en public, il faut payer les plus accommodans à douze francs par tête.

Les fidèles nous consolent dans nos tribulations; mais avec la pernicieuse liberté de la presse, nous ne faisons pas une escobarderie qu'elle ne soit aussitôt révélée.

L'avenir ne présente pour le clergé aucune chance favorable. Les séminaires se composent de la lie du peuple. Le sacerdoce n'est plus recherché, depuis qu'il n'offre ni fortune ni influence. Nous n'avons guère que les enfans que nous procurent périodiquement les balayeurs d'églises, les lessiveuses, les sonneurs, les suisses, les bedeaux, etc. Le père prie humblement le curé de protéger son fils; le curé visite les dévotes; on fait une quête; on forme une demi-bourse; et voilà un séminariste. Vous conviendrez qu'avec de pareilles drogues on ne fait pas grand'chose.

J'entendais un jour la messe à Saint-Nicolas; un grand jeune homme blond, à la figure de satyre, à la mine philosophique, donna un sou pour le prix de sa chaise, et dit à la fermière

de la fabrique, mère du prêtre célébrant :
« Que vous êtes heureuse d'avoir porté dans
» vos entrailles bénites (1) un saint personnage
» qui vous gagne, en disant la messe, de quoi
» acheter deux bouteilles de vin ! .... » Jugez
par là des impudences auxquelles nous sommes journellement en butte. Les gens du
monde ne voient dans un prêtre qu'un Tartufe
ou qu'un *Birbante*, dont tout le désir est de
vendre les choses saintes au plus haut prix possible.

N'est-il pas juste, cependant, qu'un prêtre
et sa famille vivent aux dépens des mondains,
puisqu'ils s'occupent du salut de ceux qui leur
donnent de l'argent ?

On est devenu si pervers en France, qu'on
voudrait se marier *gratis*. On taxe de simonie
le tarif des baptêmes et des enterremens. On
trouve mauvais que le pauvre ne participe pas
aux prières, parce qu'il ne peut les payer :
comme si on devait chasser les démons, ouvrir
les portes du paradis, faire enfin les choses les

---

(1) Il y a dans l'original italien : « Que vous êtes
» heureuse d'avoir vélé...... » On a adouci cette expression jésuitique.

plus pénibles, pour le simple amour de Dieu. Celui qui travaille, dit l'apôtre, mérite qu'on le paye.

Néanmoins nos missionnaires font des conquêtes ; et sous peu, il y aura des miracles, que j'aurai le plaisir de vous annoncer. Nous préparons, depuis trois mois, de quoi déconcerter tous les athées de la France.

Je baise avec componction les vénérables mains de mon très-révérend père.

Ignace Trufaldini.

N°. V.

Lettre d'un Jésuite de Mont-rouge au Doyen des Cardinaux de la Sacro — sainte Eglise romaine.

(Cette pièce importante a été soustraite par un sacristain, qui donne à la *Quotidienne* des renseignemens pour la bonne cause. Ce sacristain nous l'a cédée, avec un chapelet béni, pour trois bouteilles de rhum, et promesse du silence, que nous nous faisons scrupule de garder.)

MONSEIGNEUR,

Dans le malheureux siècle où nous vivons, que puis-je vous apprendre d'heureux ? Une charte désastreuse a déclaré guerre à mort aux priviléges. On ne gagne rien aujourd'hui à naître Jésuite ou grand seigneur : il faut marcher droit, se passer de la dîme et payer les impôts. Le déréglement est à un point, qu'on s'exposerait à la risée publique en entreprenant seulement une petite apologie des lettres de cachet. Nonobstant la révocation de l'édit de Nantes, chacun professe librement son culte. Les Protestans, tous vains de la protection des lois, prient Dieu en français, et cela publiquement. Les Juifs, affranchis de l'amende du pied fourchu, et des autres humiliations nécessaires, ont établi des synagogues dans le royaume très-chrétien.

Il y a en France des écoles de magie. Les démonolâtres, sous le nom de francs-maçons, ont dernièrement noué l'aiguillette à tous les membres des dix-sept principales maisons que nous avons ici ; et ce maléfice a occasionné de graves accidens.

Le siècle est au faîte de l'abomination. On a consacré l'usurpation des biens de l'Eglise ; on proclame l'égalité des citoyens ; on tourne en ridicule l'infaillibilité du Pape ; on vomit impunément des injures contre le concordat. Les annates ne sont-elles pas de droit divin, aussi-bien que les dîmes ? Eh bien ! on se révolte à ces deux mots ; les mondains de ce pays d'athées préfèrent l'argent au salut. *Exurge Deus , et dissipa inimicos nominis tui.*

Le saint tribunal de l'Inquisition nous ferait le plus grand bien ; mais comment le rétablir ? Les Français ne veulent pas même entendre parler de la Sorbonne.

La Chambre des pairs a des opinions assez blanches ; mais les députés, grand Dieu ! Si tout allait comme le côté gauche, les Jésuites pourraient plier bagage, et le Saint-Père déchirer son concordat.

Ce qui me chagrine, Monseigneur, c'est de voir que le Roi est plus aimé des libéraux ou jacobins que de ses autres sujets ; et que ces malheureux seraient tout prêts à soutenir Louis XVIII contre le Pape, s'il y avait dissention entre ces deux souverains.

Pourquoi ne nous persécute-t-on pas ? On nous rendrait intéressans , et nous ferions de l'effet ; mais on veut nous éconduire sans esclandre, et nous n'aurons pas même la consolation de faire un petit soulèvement.

Ah ! Monseigneur ! s'il plaisait au Dieu des vengeances !......

En attendant, Monseigneur, je demande humblement la bénédiction de votre Excellence.

Du jour de Saint-Hégésippe, l'an de grâce 1819.

Spiridion TESTU,
de la Compagnie de Jésus.

N°. VI.

Platitude, en forme d'Homélie, prononcée par l'abbé Simonnet, Jésuite, en présence de la Confrérie du Sacré-Cœur.

Chrétiens et chrétiennes, que je porte dans mon cœur, et que j'ai affiliés à la grâce, écoutez-moi avec attention, et croyez, non de cette foi humaine, mais de cette foi divine qui transporterait les montagnes, et qui changerait les Jansénistes en gens de bien.

Au milieu des débordemens du siècle, nous ne serons pas des chiens muets; nous aboierons contre les loups qui veulent disperser et ravir le troupeau. Et quand les aboiemens furent-

16

ils plus nécessaires, qu'en ce temps où des nuées d'hérétiques ne travaillent qu'à ruiner la foi ?.....

J'ai glorieusement réfuté, dans mon livre (1), l'homme *du Dictionnaire infernal*, et le producteur obscène de l'*Histoire de la Magie en France*. Je vous conseille d'acheter cet antidote que j'ai composé pour les fidèles : vous ferez plaisir à mon libraire, ce qui est déjà une bonne œuvre ; et vous apprendrez en outre des miracles qui vous rendront plus purs et plus illuminés.

Il est de foi qu'il y a des sorciers, et que ceux qui veulent éloigner le soupçon qui plane sur eux-mêmes sont les seuls qui prétendent qu'il n'y en a pas.

Il est de foi encore que les démons, les lutins, les âmes apparaissent aux hommes et surtout aux femmes. Celui qui regimbe contre cette doctrine est un orgueilleux qui est un ignorant. J'ai déjà dit cela dans ma *Réalité de la Magie et des Apparitions*, sans que personne ait osé me rétorquer.

Nous sommes cependant entourés d'une

____

(1) *Réalité de la Magie et des Apparitions*. Petit in-8° de 3 fr. On en a parlé plus haut.

légion d'hommes infernaux. Pendant que les ministres de l'Evangile s'occupaient à rompre aux fidèles le pain de la divine parole, les athées qui chargent la France vinrent mettre le comble aux désordres produits par l'impiété. On sait quels torrens d'injures ces apostats ont vomis contre le Saint-Siége et le concordat, avec tant d'adresse, qu'ils ont su éluder les châtimens que méritait leur impudence. J'ai déjà dit cela dans mon livre.

Il est de foi que tous les bergers sont sorciers. J'ai eu l'aiguillette nouée par eux ; ils m'ont effrayé par des bruits inconnus, et m'ont détourné de ma route pendant que j'allais visiter une pénitente. J'attends là mon homme infernal. J'ai déjà dit cela dans mon livre.

Homme infernal, homme infernal, père de l'infâme Dictionnaire, et vous, père de l'obscène Histoire de la Magie, je vais vous dire un petit mot sur vos hérésies.

Les Samaritains fuyaient les temples. Dites-moi, athées, allez-vous au chapelet ?

Les Novatiens soutenaient que l'Eglise n'a pas le pouvoir de remettre les péchés. Dites-moi, infâmes, allez-vous à confesse ? Je ne connais pas vos confesseurs.

Les Manichéens se moquaient de la virginité ; et vous , impudiques , vous avez rempli vos livres de lubricités pour égayer vos pages schismatiques.

Les Ariens haïssaient les moines. Apostats, vous n'aimez pas même les Jésuites.

Les Porphiriens ne voulaient pas de miracles ; vous vous êtes gaussés , comme des gredins, des plus sûrs miracles de saint Grégoire.

Les Albigeois ne croyaient pas au purgatoire. Vous ne croyez pas même à l'enfer. Renégats , impies , obscènes , athées , gibiers de démon , vous irez dans la poële de là-bas , dans la marmite à Satan ; et nous nous gaudirons de vous entendre brailler. —J'ai déjà dit tout cela dans mon livre.

Mes frères , apprenez de Jean Bromton un miracle qui confond les incrédules, et les paysans philosophes qui refusent de payer la dîme. Un gentilhomme (notez la qualité du défunt), un gentilhomme, trépassé en état d'excommunication pour n'avoir pas payé certaine dîme à son curé , sortit de son tombeau cent cinquante ans après sa mort. Saint Augustin, précédé de la croix , alla demander à ce mort pourquoi il se montrait. Le mort répondit qu'il était excommunié. Saint Augustin ressuscita le prêtre qui avait lancé l'excommunication , et apprit que le refus de payer la dîme avait été la cause de l'anathême. Saint Augustin , pitoyable de son naturel, donna l'absolution au gentilhomme , et les deux défunts rentrèrent dans leur tombeau. Ce miracle est aussi authentique que l'impiété qui le conteste est visible. J'ai déjà dit cela dans mon livre.

Mes frères , gardez-vous des productions de l'homme au Dictionnaire infernal. Gardez-vous plus encore de son confrère en athéisme , de cet infâme homme qui a fait un pamphlet affreux contre le concordat , et ensuite l'*Histoire de la Magie en France.* C'est un monstrueux recueil de lubricités, d'impiétés, d'abominations contre les choses saintes. Il y a, dans cette prétendue histoire, une hardiesse cynique contre laquelle je me suis insurgé avec raison. Personne avant moi n'avait coiffé ces deux bûches. Je leur ai dit que faire des livres dictés par l'enfer, c'est plus de déshonneur que d'aller à la potence. C'est la grâce que je leur souhaite (1). J'ai déjà dit cela dans mon livre.

Chrétiens et chrétiennes , je ne veux pas la

---

(1) *Voyez* , pour tout ce qui vient de passer, la *Réalité de la Magie et des Apparitions* , pages 19, 2, 84, 77, 96, etc.

mort du pécheur, mais son argent et sa conversion. Les ensorcelés peuvent s'adresser à moi en toute confiance : j'ai de grands pouvoirs de la grande pénitencerie ; je suis patenté exorciste, sous les n°s 32 , 340.

Ames fidèles, ne vous laissez pas prendre aux filets de l'ennemi, ni aux sorciers, qui veulent persuader que le diable est sans pouvoir. Les philosophes à la mode et les athées du jour n'ont point à craindre que le démon les saisisse de vive force, puisqu'ils se livrent à lui de gaîté de cœur (1).

C'est un signe de la fin du monde toute prochaine. Il est vrai qu'il y a assez long-temps que le monde est sur pied. Six grandes lumières de l'Eglise, le cénobite Jérôme, l'évêque Augustin, saint Cyprien, M. le comte de Sallmard-Montfort, M. le comte de Fortia-Piles, madame la comtesse de Genlis, tous gens qui ont erré d'abord, et ont obtenu ensuite le don de prophétie à cause de leur conversion , ont prédit conséquemment que la fin du monde arriverait bien avant l'an 1999. On opine même qu'elle pourra bien nous accrocher en 1836. Il n'y a plus tout juste que

____

(1) *Ibidem*, page XVI.

le temps de faire des donations à l'Eglise, et de se dépouiller des vanités de ce monde, pour les apporter au pied des autels, dont les ministres vous ouvriront les portes du paradis, que je vous souhaite.

Proclamé le jour de saint Guillaume-Pinchon, de l'an 1819.

(Quand ce discours fut achevé, tout le monde fondit en larmes. On ne se calma que pour chanter les cantiques de la Mission, sur l'air *Au clair de la lune*, etc.)

N°. VII.

Lettre écrite au Supérieur de la Mission.

MON RAIVAIRANT PAIRE,

Depui que jait anonsé votre arrivai à mon Curé, il est tou sousieu; y a peu à conter sur un om qui a juré la constitusions sivil du clergé. Se ne seret que bian si vou le dénonsiés à l'Archevêque com soupsconai d'aitre Janséniste, d'otan plu qu'il a praiché que ce n'etoit pas un paiché d'aprandre a lir par l'anseignemen mutuelle. Sait un gran moien de saidition entre les main des Jacobin. Quan jai fai afiché ma proclamation de la Sain Louis, le peti garson de Magdelaine Bélé a di que je ne savois pa loctografe. Vlà ce qon gagne a aprendre la laicture à la canaille, sa leure donne un orcueil insuportabe. Je vous appren que la veuve Brioché est for malad ; elle a des bian nasiono ; et y a un bon cou à fer. Vou trouverez chai moi la table et le logeman ; je protègrai vos raivairances come il convien à un brave gentilom, qui n'ait point corrompu par ı filosopie.

ODON DE GROGNARD DE BLANCHET.

De mon chatau, le vaint deu feuvrier
mil uit sang vin.

N°. VIII.

FRAGMENT

De la Notice des Livres mis à l'Index en 1820, par le Provincial des Jésuites de Picardie.

(On a trouvé ce fragment sur le quai de l'Archevêché. On le donne purement et simplement, sans y ajouter rien, et sans y rien retrancher.)

. . . .

. . . . . . 8 vol. in-8°. Si l'auteur, d'ailleurs estimable, de la *Gaule Poétique* veut que les chrétiens lisent librement son livre, qu'il le fasse censurer par le théologal du diocèse, et qu'il en donne une édition expurgée.

— *Les Quatre Concordats* par M. de Pradt. Ce livre est tout plein d'hérésies. Défense à tout chrétien qui ne sera pas prêtre, ou profès dans quelque ordre religieux, de lire ces trois volumes, sous peine d'excommunication majeure.

— *L'esprit des Lois* et toutes les œuvres de Montesquieu. — Prohibés comme respirant l'athéisme, et les infâmes principes de Voltaire et de Rousseau.

— *Calas*, et toutes les œuvres de Chénier. — Hérésie, philosophisme.

— L'ouvrage de M. Lanjuinais sur le *Concordat* et les autres œuvres du même écrivain, — pour jansénisme et impiété.

— *Les Chevaliers du Cygne*, de madame veuve Genlis, — pour obscénités. — *Les Parvenus* et les autres livres de cette dame, hormis l'*Histoire de Henri-le-Grand*, ont besoin d'être expurgés.

— *Prières et Confessions d'un jeune Converti*, par M. de Piis. — On prohibe également la lecture de l'*Hymne à Marat*, par le même auteur.

— *La Charte constitutionnelle* est interdite, avec tous ses commentaires, aussi-bien que la *Loi des Elections*, et les lois dites organiques. — Faite sans le consentement du Saint-Siége ; introduisant la confusion dans les trois ordres ; ravalant le clergé jusqu'à la noblesse, et la noblesse jusqu'au peuple ; enlevant tout espoir de la sainte dîme et tout privilége ; consacrant les intérêts de la révolution, et l'inviolabilité des biens ôtés aux autels du Seigneur ; ouvrant la porte à toute hérésie et à tout libertinage.

— *Histoire de la Magie en France*, par M. Jules Garinet. — Infamie, et multiplications de lubricités. Haine invétérée des Jésuites et de la religion.

— *Essai sur les Révolutions*, par M. de Châteaubriant, — pour jacobinisme.

— *Considérations sur la Révolution*, et les autres ouvrages de madame de Staël. — Schisme, hérésie, philanthrophie, libéralisme ; indigne des regards d'une dame chrétienne, permis, sauf dispense de la cour de Rome, aux diplomates et grands-aumôniers.

— *Grammaire* de Sylvestre de Sacy. — Sentant le jansénisme, et rappelant le serpent de Port-Royal.

— *Victoires et Conquêtes*, etc., publiées par Panckouke. — Apologie perpétuelle de la révolution, rebellion au Saint-Siége, mépris et aversion du clergé.

— *Mézerai* et tous les écrivains qui ont fait l'histoire de France sont prohibés, hormis l'*Histoire de France* de M. de Royou, *depuis Pharamond jusqu'à la vingt-cinquième année du règne de Louis XVIII.*

— Les *Messéniennes* et les *Vêpres siciliennes* de Casimir Delavigne. — Révolutionnaires,

dangereux aux mœurs et aux principes monarchiques.

— Toutes les *Chansons* de M. Beranger, lubriques, athées, jansénistes, sentant le libertin.
— Anathême à qui osera lire l'infâme diatribe
intitulée *les Diables Missionnaires*.

— *De l'Industrie française*, par M. Chaptal.
— Donnant au peuple des lumières dangereuses ;
gênant le saint commerce des chapelets et autres
objets de pieux négoce ; contraire aux intérêts
du Pape.

— *Dictionnaire féodal* de M. Collin de
Plancy. — Abominable, sans-culotisme,
athéisme ; ouvrage d'un bonnet rouge qui a
tout pris sous son bonnet.

— *Louis IX*, tragédie de M. Ancelot. —
Défigurant le caractère du saint roi ; plaçant
dans sa bouche des sentimens de philosophisme ; déversant l'opprobre sur les croisades.
— La pièce devait s'intituler *Saint-Louis*, et
non *Louis IX*.

— *De la Justice criminelle en France*, par
M. Berenger. — Cet horrible ouvrage renverse
toutes les propositions des casuistes de la compagnie de Jésus.

— *Les Délateurs*, satire renforcée, par

M. Emmanuel Dupaty. — Sentant le libéral et l'athée à pleine gorge.

—*Commentaires sur Montesquieu*, par M. Destutt-Tracy. — Pires que le texte commenté.

— *De la Liberté religieuse*, par M. Benoist. — Ouvrage monstrueux, que l'on devrait intituler : *du Libertinage irreligieux*.

— *Histoire de Samuel, inventeur du sacre des rois*, attribué à M. Volney.—Diatribe affreuse contre les prêtres et contre Dieu. — Tous les ouvrages du même auteur sont prohibés, pour la même cause d'immoralité et de mépris envers la religion (1).

— Le livre intitulé : *Cuisinière bourgeoise* est interdit, en ce qu'il enseigne l'art d'apprêter les carpes au gras.

— *L'Art de dire la bonne aventure dans la main et dans le marc de café, etc.*, par la sibylle Perenna. — Prohibé pour sorcellerie et superstition diabolique.

— *Essai sur les garanties individuelles*, par

______

(1) L'*Histoire de Samuel* a été justement dénoncée à la Chambre des Pairs par M. Spy, prédicateur ordinaire, ancien Carme déchaussé. Des libertins se sont écriés que le nom de M. *Spy* signifiait *espion* et *délateur* en bas-breton ; mais il est beau d'être espion pour la foi.

M. Daunou. — Interdit pour impiétés, libertinage, idées constitutionnelles. — L'*Essai* du même auteur, *sur la Puissance temporelle des papes*, est frappé d'anathême, condamné au feu, et l'auteur excommunié, *ab ipso facto*.

— Tous les ouvrages qui regardent la révolution sont prohibés pour jacobinisme, hormis ce qu'ont écrit l'abbé Proyart et quelques autres membres du clergé.

— Le tableau intitulé : *la Nation française rétablie dans ses droits primitifs, garantis par la Charte*, et les autres ouvrages du général Auguste Jubé, interdits à tout lecteur chrétien. — Libéralisme exalté, idées patriotiques, mépris du clergé et de Dieu, haine de la noblesse et de la monarchie.

— *Les trois Animaux philosophes, ou les Voyages de l'ours de S. Corbinian; suivis des Aventures du chat de Gabrielle et de l'Histoire philosophique du pou voyageur*, ouvrage faussement attribué au révérend Père Jean-Gilles-Loup-Boniface Croquelardon. — Impiétés, obscénités, lubricités révoltantes.

—La *Minerve*, le *Censeur*, le *Constitutionnel* et *in globo* tous les journaux (hormis le *Conservateur*, la *Quotidienne*, le *Drapeau blanc* et le *Journal des Débats*. — Prohibés pour atrocités , démonolâtrie , sédition , anarchie , tendant à ramener la révolution toute pure.

— *Histoire des fantômes et des démons qui se sont montrés parmi les hommes ,* par une dame sans-culotte , incrédule , qui nie les miracles et veut propager les lumières.

— Les épisodes d'*Atala* et de *Réné ,* dans le Génie du christianisme , offrent des idées incestueuses , que l'auteur épurera , s'il veut que les catholiques le lisent.

— Le *Journal des Dames et des Modes.* — Prohibé pour athéisme. On y parle de modes et jamais de religion : on attendait autre chose de l'auteur.

— *Tartuffe ,* comédie infâme de Molière le diffamateur. — Anathême à qui le lira ou le verra représenter.

— La *Prise de Constantinople par Mahomet II,* nouvelle historique de Collin de Plancy. — Ouvrage favorisant le mahométisme.

— *L'Année des Dames , ou Petite biographie des femmes célèbres , pour tous les jours de l'année.* — Ouvrage obscène , qu'on veut substituer aux Vies des saints , aux Martyrologes , à l'Année sainte , et qui offre pour modèles des damnées.

— La *Sibylle au Congrès d'Aix-la-Chapelle ,*

par mademoiselle le Normand. — Livre d'une sorcière en plein commerce avec le diable.

— *Histoire ecclésiastique* et autres œuvres de Fleury. — Pleins d'attentats contre l'honneur de la papauté.

— *De l'Indifférence en matière de religion*, par l'abbé de Lamennais, — Prohibé aux simples fidèles pour tolérantisme et concessions aux idées du siècle.

— Le *Guide électoral*, par Brissot-Thivars. — Ouvrage d'un neveu ou cousin de régicide.

— *Inductions morales de M. Keratry*. — Livre scandaleux et capable de révolter les chastes oreilles.

— *Le Grivoisiana*, recueil facétieux, par Martainville. — Obscénités atroces, abominations contre la reine Marie-Antoinette, et contre les personnes les plus respectables et les choses les plus respectées. L'auteur s'étant converti, on l'invite à abjurer son livre de bonne grâce.

— *L'Almanach de Liége*, qui s'imprime chez Denugon, à Paris. — En tant qu'il contient la Charte, l'éloge de l'enseignement mutuel, etc., interdit à tous fidèles, sous peine.... (*Le reste manque.*)

Nᵒ. IX.

Compliment à l'Éditeur de ce volume.

On a vu l'univers regorger de carnage ;
L'hérésie et la guerre emplissaient tout d'horreur ;
La révolution mettait tout en fureur ;
La France, vingt-cinq ans, fut un vrai brigandage !
Enfin, nous n'aurons plus un gouvernement tel,
Représentatif et constitutionnel ;
On va payer bientôt la dîme et les annates ;
La liberté s'en va, la piété reprend ;
Ton livre, Saint-Acheul, quoique tu t'en débattes,
Finira sur la Grève en un feu flamboyant.....
Puisse un jour à l'auteur en advenir autant !

Claude Gauchet le Verd.

Nᵒ. X.

Approbation des Docteurs, Censeurs in occultis.

Nous soussignés, docteurs en sainte théologie, préposés *in petto* pour l'examen des ouvrages philosophiques, par monseigneur le baron de Happe-Mouche, remplissant par *interim* les fonctions de chef de la police ecclésiastique, certifions avoir pris connaissance *in*

17

globo de l'ouvrage intitulé : *Taxes des parties casuelles , etc.*; et avoir trouvé dans les Commentaires quelque peu de venin philosophique, mais combattu par la puissance irrésistible des *Cas de conscience* décidés par les Pères de notre compagnie de Jésus , et totalement amorti par les pièces antidotiques placées à la fin du volume. Notre avis est donc de laisser passer l'ouvrage , qui pourra d'ailleurs donner motif à défendre les droits de notre Saint – Père le Pape contre les prétendues libertés de l'Eglise gallicane.

Ainsi résolu secrètement dans notre conseil , ou siégeaient Grandsiret, président , baron Saltier , Guy Passavant, Monin, Facinousse et l'abbé Malbaty, tous membres ainsi que nous de l'association contre – révolutionnaire des Francs-régénérés.

Paris , l'an du salut 1820 , du rétablissement des Jésuites le 19ᵉ , de l'institution des Francs-régénérés le 6ᵉ , du mois de mars le 10ᵉ jour.

Signé DE LA BARRE , censeur laïc;

L'abbé BENNAIS , censeur ecclésiastique.

FIN.

TAXA CAMERÆ,

SEU

CANCELLARIÆ APOSTOLICÆ

ET SACRÆ POENITENTIARIÆ,

Ad parricidii, apostasiæ, adulterii, simoniæ,
incestûs, bestialitatis, omniumque porten-
torum Absolutionem, Rehabilitationem et
Dispensationem ;

Cujus elocutio culinam sentit, quia pro culinâ facta est.
Turpe monumentum Romæ prædatricis.

EDITIO LOCUPLETISSIMA,

JUXTA PLÆRASQUE EDITIONES COLLATAS.

Illi scandalisantur, quia veritatem nesciunt ;
isti, quià oderunt.

S. Bernardus.

TAXA CAMERÆ.

CAPUT PRIMUM.

De Causis matrimonialibus.

1°. Pro contractu quarti gradûs, taxa est turonenses 7, ducatus 1, carlini 6.

2°. Si qui, gradûs hujus impedimentum scientes, carnaliter commixti sunt, taxantur turon. 16, duc. 4.

3°. Pro legitimatione prolis suscipiendæ, in dicto gradu, specialis taxa est tur. 9, duc. 1, carl. 10.

4°. Qui ignorantes hoc impedimentum, carnaliter copulati sunt, solvant tur. 9, duc 1, carl. 10.

5°. Qui scienter contraxerunt, et non consummaverunt, taxantur tur. 9, duc. 1, carl. 10.

Verùm quando matrimonium, scienter contractum, et consumatum est, tunc componendum est cum datario.

6°. Si per ordinariam autoritatem divortiati

prolis ante divortium susceptæ legitimationem petierint, dabunt tur. 9, duc. 1, carl. 10.

7°. De contracto matrimonio, in tertio consanguinitatis vel affinitatis gradu, taxa est tur. 14, duc. 3, carl. 4.

Et prætereà componendum est cum datario.

8°. In secundo consanguinitatis vel affinitatis gradu, dispensantur tantùm per signoriam Papæ, aut, sede vacante, per suum pœnitentiarium; et taxa est tur. 5o, duc. 12, carl. 6.

9°. In primo gradu affinitatis; dispensantur in foro conscientiæ tantum; et taxa est tur. 3o, duc. 7, carl. 6.

10°. Divortium simplex taxatur tur. 7, duc. 1, carl. 6.

CAPUT II.

De Cognatione spirituali et Castitate.

1°. Qui contraxerint, in cognatione spirituali, taxantur tur. 17, duc. 3, carl. 9.

Si cognatio hujusmodi fuerit duplex, taxa est tur. 3o, duc. 7, carl. 2.

2ⁿ. In compaternitate, dispensantur tantum per signoriam Papæ, vel sede vacante, per signoriam summi pœnitentiarii; taxa est tur. 50, duc. 12, carl. 3.

3°. Quando adulter, vel is qui fidem de contrahendo dedit, vel de facto contraxit, machinatus fuerit mortem alterius conjugis, cùm effectu, nunquam cum illo dispensatur, ut cum altero contrahat. Sed in jam contracto dispensatur (dummodò negotium sit penitùs occultum), in foro conscientiæ tantùm; et taxa est tur. 36, duc. 9.

4°. Si quis mortem conjugis suæ machinatus est, effectu non secuto, nec fide alteri datâ, dispensatur ut, mortuâ conjuge, cùm alterâ contrahat; et taxatur tur. 9, duc. 2, carl. 9.

5°. Si quis in matrimonio constitutus, vivente adhuc uxore suâ, contraxerit cum alterâ, ignorante ipsum esse conjugatum, post obitum uxoris suæ, tenetur istam habere conjugem, novo tamen consensu interveniente; nec potest fieri divortium, nisi ad instantiam alterius ignorantis; et taxa est tur. 9, duc. 2, carl. 8.

6°. Si quis conjugem suam, plures annos absentem, obiisse credens, aliam duxerit, in eo matrimonio maneat; et durante hâc credulitate, debitum conjugale exactus reddat, non autem exigat. Si prior conjux redierit, secundâ relictâ, priori adhærebit; et taxa est tur. 9, duc. 2, carl. 9.

7°. Cum eo qui vovit perpetuam castitatem, dispensatur in foro conscientiæ tantùm; et taxa est tur. 16, duc. 3, carl. 6.

8°. Cùm eo qui vovit, quod religionem intrare velit, non tamen solemniter, dispensatur ut contrahat matrimonium, in foro conscientiæ tantùm; et taxa est tur. 15, duc. 4.

Si clausula accesserit quod, mortuâ conjuge, votum suum omninò adimplere teneatur, dispensatur tamen; et taxa est tur. 7, duc. 2, carl. 3.

9°. Si quis, in sacris ordinibus constitutus (modò id sit occultum), uxorem duxerit, dispensatur cum illo, ut possit in conjugio manere, donec uxor vixerit; posteà abstineat à matrimonio; et in illo constitutus officium beatæ Mariæ virginis saltem diebus festis dicat, per modum satisfactionis; et taxatur tur. 15, duc. 4.

CAPUT III.

De Hebræis.

1°. Ut Hebræus possit habere synagogam, in domo propriâ, taxatur tur. 30, duc. 7, carl. 6.

2°. Pro licentiâ erigendi de novo publicam synagogam , taxa est tur. 60 , duc. 15.

3°. Pro licentiâ medendi , cum assistentiâ , taxatur Hebræus , tur. 60.

CAPUT IV.

De Promotis et Promovendis , super defectu
ætatis.

1°. In sexto anno , vel cùm primùm sextum attigerit , pro primâ tonsurâ , tenetur solvere tur. 9 , duc. 2 , carl. 9.

2°. In decimo sexto , vel cùm primùm decimum sextum attigerit , ad subdiaconatum , taxatur tur. 12 , duc. 3 , carl. 8.

3°. In decimo septimo , taxatur tur. 6 , duc. 2.

4°. In decimo octavo , ad diaconatum , tur. 12.

5°. In decimo nono , tur. 6.

6°. In vigesimo secundo , ad presbyteratum , tur. 12 , duc. 2 , carl. 10.

7°. In vigesimo quarto , tur. 6.

CAPUT V.

Licentia suscipiendi ordines.

1°. Qui suscipit primam tonsuram et quatuor minores ordines, non ab ordinario suo, taxatur tur. 4, duc. 1, carl. 9.

2°. A quocumque accipiantur, ad omnes ordines, vel duos, vel unum tantum, tur. 12, duc. 2, carl. 10.

3°. Extrà tempora, ad omnes sacros ordines, vel ad duos, vel ad unum tantum, tur. 10, duc. 2.

4°. A quocumque recipiente munus benedictionis, pro abbate, tur. 24, duc. 6.

Et pro episcopo, tur. 24.

CAPUT VI.

De Corpore Vitiatis.

1°. Super defectu alicujus membri, dispensatio ad clericalem characterem et quatuor minores ordines, taxatur tur. 6, duc. 2.

2°. Super defectu alicujus membri, dispensatio ad ordines, vel ad executivum ordinem, tur. 16, duc. 4.

3°. Si super defectu digitorum, ad quæcumque beneficia simplicia, tur. 12, duc. 3, carl. 6.

4°. Super defectu visûs occuli dexteri, taxa est tur. 16, duc. 4.

5°. Super defectu oculi sinistri, dummodò chartam teneat in medio altaris, et non sit magna difformitas, taxatur tur. 30, duc. 7, carl. 6.

6°. Super defectu utriusque, vel alterius genitalium, tur. 6, duc. 2.

7°. Pro illo qui sibi ipsi membrum virile abscidit, tur. 12, duc. 3, carl. 6.

CAPUT VII.

De malè Promotis.

1°. Qui minor annis promotus est, tur. 7, duc. 2, carl. 3.

2°. Sine dimissorialibus litteris, pro irregularitate, tur. 7, duc. 2, carl. 3.

3°. Si cum retentione beneficii, tur. 13, duc. 3, carl. 8.

4°. Qui extrà tempora promotus est, tur. 7, duc. 2, carl. 3.

5°. Et pro retentione beneficii, tur. 13, duc. 2, carl. 8.

6°. Qui ficto titulo promotus est, in veteri formâ, hoc est qui non juravit nec testes induxit, tur. 7, duc. 2, carl. 3.

7°. Qui, prætermissis quatuor ordinibus, per saltum promotus est, tur. 6, duc. 2, carl. 2.

8°. Si, prætermisso subdiaconatu, vel diaconatu, de expresso, tur. 12, duc. 3, carl. 7.

9°. Si, prætermissis ambobus, tur. 18, duc. 4, carl. 9.

10°. Qui, eodem die, ad duos vel plures ordines promotus est, tur. 6, duc. 2.

CAPUT VIII.

De his qui ministrant, non promoti.

1°. Si, in subdiaconûs vel diaconatûs ordine, hoc fecerint, taxa est tur. 12, duc. 4, carl. 9.

2°. Si cum retentione beneficii, tur. 18, duc. 4, carl. 9.

3°. Si ministerium altaris exercuerint, et sacramenta administraverint, cum præsbyteri non sint, taxa est tur. 36, duc. 9.

CAPUT IX.

De Illegitimis.

1°. In primâ formâ, hoc est ad omnes ordines et unum beneficium, etiam curatum, tur. 5, duc. 1, carl. 1.

2°. Et cum clausulâ permutandi, si petatur, semel tantum, tur 7, duc. 7, carl. 3.

3°. Si illegitimus, tacito defectu hujusmodi, se fecerit ad aliquos ordines promoveri, taxa est tur. 7, duc. 7, carl. 3.

4°. Ut illegitimus possit unum beneficium permutare, tur. 6, duc. 2.

5°. Ut duo, tur. 12, duc. 3, carl. 6.

6°. Ut tria, tur. 18, duc. 4, carl. 9.

7°. Ut possit deservire beneficio patris, illo præsente, vel absente, tur. 6, duc. 2.

8°. Pro exposito, tur. 6, duc. 2.

CAPUT X.

De regularibus Illegitimis.

1°. Pro religiosis mendicantibus, taxa est tur. 6, duc. 1, carl. 8.

2°. Cum iisdem mendicantibus, ad ministerium provincialem et prioratum, vel ad alias quascumque dignitates, et cum non mendicantibus, ad abbatialem dignitatem, dispensantur ad tur. 15, duc. 4.

CAPUT XI.

De Conjugatis cum unicâ et virgine.

1°. U⊤ illi possint, post obitum uxoris, promoveri ad ordines, taxa est tur. 6, duc. 2.

2°. Si volunt gaudere privilegiis, taxantur tur. 9, duc. 2, carl. 9.

CAPUT XII.

De Bigamis.

1°. U⊤ gaudeant clericali charactere, et quatuor minoribus ordinibus anteà susceptis, taxantur tur. 12, duc. 3, carl. 4.

2°. Si verò addatur clausula *Si contingat cum aliâ contrahere*, taxa est tur. 18, duc. 4, carl. 9.

3°. Si addatur dispensatio ad beneficia simplicia, pro bigamo non habente uxorem, adduntur tur. 12; et taxa est tur. 24, duc 4.

4°. Qui, tacitâ bigamiâ, cum esset conjux,

fecit se clericali charactere insigniri, taxatur
tur. 21 , duc. 5 , carl. 6.

5°. Pro milite bigamo , contrà statuta sacræ
militæ vel ordinis , dispensatur ut gaudeat
privilegiis militiæ , et maneat in matrimonium ,
tur. 18 , duc 4, carl. 9.

6°. Pro bigamo non habente uxorem , ut
possit ad quatuor ordines minores promoveri ,
taxa est tur. 12 , duc. 3 , carl. 6.

7°. Pro bigamo qui, eo tacito, suscepit ordinem , dispensatur ad altaris ministerium, in
foro conscientiæ tantùm , et cum clausulâ *Nullis etc.* , tur. 35 , duc. 9.

8°. Pro bigamo , cum quo fuit dispensatum
per Papam, ad ordines sacros et canonicatum ,
dispensatur ad duo beneficia simplicia compa-
tibilia , tur. 24, duc. 6.

CAPUT XIII.

De Absolutionibus et Dispensationibus.

— Pro eo qui interfuit bellis, neminem
tamen occidit vel mutilavit, neque ad id auxilium contulit , tur. 36 , duc. 9.

CAPUT XIV.

Sequentia. *Qui judicarunt vel scripserunt in causis criminalibus.*

—TAXANTUR, pro quolibet, tur. 36, duc. 9.

CAPUT XV.

Sequentia. *Qui violentam manum jecit in clericum vel presbyterum.*

1°. QUI violentam manum jecerunt in clericum vel presbyterum, taxantur tur. 6, duc. 2.

2°. Qui in abbatem, vel in prælatum generalem alicujus ordinis, tur. 12, duc. 3, carl. 6.

3°. Qui in episcopum, vel superiorem prælatum, tur. 24, duc. 6.

CAPUT XVI.

Sequentia. *De Mutilatione.*

1°. PRO clero, cum suis limitationibus consuetis, tur. 18, duc. 4, carl. 9.

2°. Si petatur simplex absolutio, absque dispensatione aliquâ, tur. 6, duc. 2.

3°. Si quis mutilavit abbatem, vel generalem, adduntur tur. 6.

4°. Si episcopum, adduntur tur. 6, duc. 2.

5°. Si laicus laicum, datur in foro conscientiæ tantum, et taxatur tur. 6, duc. 2.

CAPUT XVII.

De Homicidio voluntario.

1°. Cum homicidâ voluntario, in minoribus ordinibus constituto, dispensatur ad unum beneficium simplex ; si non suffecerit, ad secundum; si ne secundum quidem, ad tertium; et, unà cum absolutione, taxatur tur. 12, duc 3. carl. 6.

2°. Et ut gaudeat privilegiis clericalibus, tur. 18, duc. 4, carl. 9.

3°. Et cum inhibitione, taxa est tur. 30, duc. 4, carl. 9.

4°. Et ad tria beneficia, si petat, tur. 18, duc. 4, carl. 9.

5°. Si petatur usque ad congruam substentationem, tur. 24, duc. 6.

6°. Si defectus non est mortuus ex vulnere,

sed alio quodam casu, nec percutiens animum habuit occidendi, dispensatur etiam ad altaris ministerium, et quæcumque beneficia ecclesiastica, tur. 36, duc 9.

7°. Absolutio ab homicidio, pro episcopo, vel abbate, vel generali alicujus ordinis, vel militiâ sancti Joannis, taxatur tur. 50, duc. 12, carl. 6.

8°. Pro priore monasterii, vel protonotario apostolico, taxa est tur. 40, duc. 10.

9°. Cum homicidâ voluntario, at occulto, constituto in sacris, dispensatur ad altaris ministerium, et quæcumque beneficia ecclesiastica, in foro conscientiæ tantum, et cùm clausulâ *nullis, etc.*, tur. 36, duc. 9.

10°. Si plures in eodem homicidio convenerint, pro duobus taxa est tur. 5, duc. 12, carl. 6.

11°. Si unus in pluribus homicidiis intervenerit, eodem tempore, et eodem conflictu, taxatur tur. 36, duc. 9.

12°. Si verò diversis conflictibus, pro duobus, taxa est tur. 50, duc 12, carl. 6.

13°. Si petatur absolutio ab homicidio, pro communitate aliquâ, taxa est arbitraria, pro ratione loci, pro ut dominis, correctori et officialibus, pro tempore, visum fuerit.

CAPUT XVIII.

De Homicidio casuali.

1°. Pro clerico, taxa est tur 6, duc. 2.

2°. Si datur assistentia, fit de speciali, tur. 12, duc. 2.

3°. Si petatur absolutio ad cautelam, tur. 18, duc. 14, carl. 6.

4°. Si addatur assistentia, tur. 30, duc. 7, carl. 6.

5°. Si quis occidit diligentiam quam debuit non adhibuit, taxa est tur. 24, duc. 6.

6°. Cum assistentia, tur 36, duc. 9.

7°. Et si dabat operam rei illicitæ, utpotè venando, vel ludendo, et baculum vel lapidem jaciendo, taxa est tur 36, duc. 9.

CAPUT XIX.

De Homicidio necessario.

1°. Si clericus hoc admisit, sese necessariò defendo, taxatur ad tur. 6, duc. 2.

2°. Si addatur assistentia, tur. 12, duc. 4.

3°. Si petierit absolutionem ad cautelam, taxatur ad tur. 21, duc. 5, carl. 6.

4°. Et cum inhibitione , tur. 36 , duc. 9.

5°. Pro homicidio, pro defensione alterius admisso , qui aliàs evadere non potuit , dispensatur ad altaris ministerium , tur. 3o , duc. 7 , carl. 6.

6°. Pro episcopo , vel abbate , absolutio ab homicidio, sive voluntario , sive casuali, sive necessario , taxatur tur. 5o, duc. 12 , carl. 6.

CAPUT XX.

De Præsbyteiicidio.

1°. Pro laico , cum formâ in pœnitentiâ publicâ, pro unâ personâ tantùm , taxa est tur. 6, duc. 2.

2°. Pro clerico simplici, vel præsbytero , vel in sacris constituto , executione suorum ordinum sibi penitùs interdictâ , tur. 6 , duc. 12.

3°. Si plures fuerint , dummodò in uno et eodem negotio, pro primo taxatur integraliter , et pro quolibet aliorum pro medietate.'

4°. Si unus plura præsbytericidia commiserit , eodem tempore et in eodem conflictu , non taxatur ultrà sex.

5°. Si verò diversis temporibus, pro primo

taxatur integraliter, et pro quolibet aliorum pro medietate tantùm.

6°. Si præsbytericidia petierit commutationem pœnitentiæ publicæ in occultam, simul cum absolutione, tur. 18, duc. 4, carl. 9.

7°. Si hoc petat is qui plura admisit præsbytericidia, tur. 18.

8°. Qui episcopum vel alium superiorem prælatum occidit, tur. 36, duc. 9.

9°. Qui abbatem vel alium superiorem generalem, tur. 24.

10°. Dispensatio pro præsbytericidiâ, ut pos-obtinere beneficium ecclesiasticum, tur. 2, duc. 2.

CAPUT XXI.

De Laicidio.

1°. LAICIDIUM, in formâ, pro uno laico tantùm, tur. 3, duc. 1, carl. 3.

2°. Si unus plures in uno conflictu occidit, taxatur pro uno tantùm.

CAPUT XXII.

De Parricidio.

— Parricidium, matricidium, fratricidium, sororicidium taxatur, pro uno tantùm, tur. 4, duc. 1, carl. 8.

CAPUT XXIII.

De Uxoricidio.

1°. Taxatur perinde atque parricidium.

2°. Si occisor petierit licentiam contrahendi cum aliâ, tur. 8, duc. 2, carl. 9.

3°. Et pro aliis qui marito, in eo negotio, auxilium præstiterint, augetur taxa tur. 2, pro quolibet.

CAPUT XXIV.

De Infanticidio.

1°. Pro uno tantùm, tur. 4, duc. 1, carl. 8, si pater, vel mater, aut consanguineus infantem oppressit.

2°. Si vero extraneus, taxatur tanquam de laicidio.

3°. Pro viro et uxore simul, tur. 6, duc. 2,

CAPUT XXV.

De Abortu.

1°. Pro muliere quæ cepit potum ad necandum fœtum, vel patre qui dedit potum matri, tur. 4, duc. 1, carl. 8.

2°. Pro extraneo qui procuravit abortum alterius, tur. 4, duc. 1, carl. 6.

CAPUT XXVI.

De Veneficis et Incantatoribus.

— Pro muliere veneficâ, vel incantatrice, postquam superstitiones abjuraverit, taxatur tur. 6, duc. 2.

CAPUT XXVII.

De Hæreticis.

1°. Absolutio ab hæresi, priusquam abjuraverit, cum rehabilitatione in amplâ formâ, et cum inhibitione, datur pro tur. 36, duc. 9.

2°. Pro laico, cum absolutione infamiæ, tur. 12, duc. 3, carl. 6.

3°. Et cum inhibitione, adduntur tur. 12, duc. 24, carl. 6.

CAPUT XXVIII.

De Sacrilegio, Furto, Incendio, Rapinâ, Perjurio, et similibus.

— ABSOLUTIO, cum rehabilitatione in amplâ formâ, cum inhibitione in quolibet dictorum criminum, tur. 36, duc. 9.

CAPUT XXIX.

De Simoniâ.

1°. ABSOLUTIO simplex pro simoniaco, seu mediatore laico, vel clerico, tur. 36, duc. 9.

2°. Et cum dispensatione super irregularitate, ad ordines sacros et illorum exercitium, tur. 6, duc. 2.

3°. Si, cum dispensatione ad obtinenda alia beneficia, præter illud super quo fuit facta simonia, materia erit componenda cum datario papæ.

4°. Si petatur absolutio, tantùm in foro conscientiæ, datur, etiam cum retentione beneficii super quo facta fuit simonia ; sive ex eo fructus perceperit, sive non, cum clausulâ *nullis, etc.*; et tunc non est componendum cum datario, sed taxatur ad tur. 3o, duc. 7, carl. 6.

CAPUT XXX.

De lapsu Carnis.

1°. Absolutio à lapsu carnis, super quocumque delicto libidinoso commisso, per clerum, etiam cum monialibus, intrà et extrà septa monasterii, aut cùm consanguineis, vel affinibus, aut filiâ spirituali, aut quibusvis aliis, sive ab unoquoque de per se, sive simul ab omnibus absolutio petatur, cum dispensatione ad ordines et beneficia, cum inhibitione, tur. 36, duc. 3.

2°. Si verò cum illis petatur absolutio etiam à crimine commisso contrà naturam, vel cum brutis, cum dispensatione ut suprà, et cum inhibitione, tur. 90, duc. 12, carl. 6.

3°. Si verò petatur tantùm absolutio à crimine contrà naturam, vel cum brutis, cum dispensatione et cum inhibitione, tur. 36, duc. 9.

4°. Absolutio pro moniali quæ se permisit pluries cognosci, intrà et extrà septa monasterii, cum rehabilitatione ad dignitates illius ordinis, etiam abbatialem, tur. 36, duc. 9.

5°. Absolutio pro concubinario, cum dispensatione ad ordines et beneficia, tur. 21, duc. 5, carl. 6.

6°. Et cum inhibitione, tur. 36, duc. 6.

7°. Pro laico, absolutio à lapsu carnis super quocumque actu libidinoso, in foro conscientiæ, tur. 6, duc. 2.

8°. Ab incestu, pro laico, in foro conscientiæ tantùm, tur. 4.

9°. Si petatur pro utroque, videlicet viro et muliere, in utroque foro, tur. 18, duc. 4, carl. 9.

10°. Si cum inhibitione, pro uno tantùm, tur. 24, duc. 6.

11°. Si pro utroque, cum inhibitione, tur. 36, duc. 9.

12°. Absolutio pro adulterio, pro laico, in foro conscientiæ, tur. 4.

13°. Ab adulterio cum incestu, pro unâ personâ tantùm, tur. 6.

Pro adultero et adulterâ simul, tur. 6, duc. 2.

CAPUT XXXI.

De Variis excessibus.

1°. Absolutio pro eo qui corpora excommunicatorum ecclesiasticæ tradidit sepulturæ, tur. 6, duc. 2.

2°. Si cum dispensatione super irregularitate, et ad beneficia obtinenda, tur. 9, duc. 2, carl. 9.

3°. Si etiam cum retentione obtentorum, tur. 12, duc. 3, carl. 6.

4°. Absolutio pro illo qui celavit cadaver defuncti, ut beneficia impetraret, taxatur ad tur. 6, duc. 2.

5°. Si cum dispensatione super irregularitate, ad obtinenda beneficia, tur. 9, duc 2, carl. 9.

6°. Si etiam cum retentione beneficii obtenti, tur. 12, duc. 3, carl. 6.

7°. Absolutio pro præsbytero, qui celebravit in loco interdicto ignoranter, taxatur ad tur. 6, duc. 2.

8°. Si verò scienter, non tamen in contemptum clavium, si interdictum erat autoritate ordinariâ positum, absolutio simplex, tur. 6, duc. 2.

Si verò à Papâ , tur. 12 , duc. 3 , carl. 6.

9°. Absolutio pro præsbytero , qui conjuges in secundo matrimonio benedixit , qui jam primo benedicti fuerant, taxatur tur. 6, duc. 2.

10°. Si cum dispensatione super irregularitate , tur. 9, duc. 2 , carl. 9.

11°. Si cum retentione beneficii obtenti , tur. 12 , duc. 3 , carl. 6.

12°. Si præsbyter aliquos clandestinè matrimonio copulavit , et missam coram eis celebravit , absolutis pro ipsis conjugibus , tur. 6, duc. 2 , carl. 3.

Et pro laicis qui interfuerint, augetur taxa tur. 3 , pro quolibet.

13°. Absolutio , pro illo qui obstitit ne litteræ apostolicæ executioni demandarentur , si clericus est , cum dispensatione ad obtentum et ad obtinendum , et absolutione. infamiæ et assistentiâ , taxatur ad tur. 36 , duc. 9.

14°. Pro clerico, absolutio simplex, tur. 12, duc. 3 , carl. 6.

15°. Absolutio , pro mercatore qui transportavit hastas ad partes infidelium , et nullum lucrum reportavit , taxatur tur. 12, duc. 3 , carl. 6.

16°. Si lucrum reportavit , taxatur similiter, et componendum est cum datario Papæ.

17°. Absolutio, pro eo qui bona defuncti pro mercede servitiorum defuncto impensorum retinet, et admonitus non restituit, dummodò non excedant debitam mercedem, in foro conscientiæ tantùm, tur. 6, duc. 2.

18°. Absolutio pro episcopo qui, certis annis, in terminis præfixis, juravit limina apostolorum visitare, et adhùc non visitavit, cum injunctione quod de cætero promissionem hanc servare velit, tur. 12, duc. 3, carl. 6.

19°. Absolutio à spirituali excommunicationis sententiâ, autoritate ordinaria latâ, tur. 6, duc. 2.

Si vero autoritate apostolicâ, tur. 12, duc. 3, carl. 6.

CAPUT XXXII.

De Irregularitate.

1°. Absolutio et dispensatio generalis, ab irregularitate, tur. 50, duc. 13.

2°. Si verò, etiam cum absolutione generali à quibuscumque delictis, tur. 80, duc. 20.

3°. Si super irregularitate incursâ ab eo qui judicavit in criminalibus, vel in similibus, sine absolutione pro præterito, etiam cum abolitione infamiæ, et cum inhibitione vel secùs, tur. 3o, duc. 7, carl. 6.

4°. Et cum absolutione pro præterito, quando eâ indiget, tur. 36, duc. 9.

5°. Si verò petatur, simul cum dispensatione de præterito, etiam quod in futurum possit judicare, vel advocare, tur. 45.

6°. Si verò petatur cum utroque dispensatio, scilicet de præterito et futuro, etiam absolutio de præterito, quando non indiget, tur. 5o, duc. 12, carl. 6.

7°. Pro eo qui medendo incurrit irregularitatem, taxa est tur. 36, duc. 9.

8°. Si vero petatur licentiâ in futurum, tur. 5o, duc. 12, carl. 6.

CAPUT XXXIII.

De Sepulturis.

1°. Absolutio, ad instantiam cognatorum defuncti excommunicati, sive violenter mortui, ut ejus cadaver in terrâ benedictâ sepeliatur, tur. 6, duc. 2.

2°. Pro abbate, vel episcopo, taxa est tur. 12, duc. 3, carl. 6.

CAPUT XXXIV.

De clandestinis Matrimoniis.

—Absolutio pro altero conjuge vivente, altero defuncto, qui clandestinè contraxerunt, taxatur ad tur. 4, duc. 2, carl. 9.

CAPUT XXXV.

De Commutationibus seu Relaxationibus pœnarum.

1°. Relaxatio exilii sive carceris perpetui simplex, tur. 40, duc. 10.

2°. Si petatur dispensatio super irregularitate, etiam cum retentione beneficii obtenti, et absolutione à delicto, tur. 60, duc. 15.

3°. Relaxatio exilii sive carceris, à decem annis usque ad decimum quintum, tur. 36, duc. 9.

4". Cum dispensatione super irregularitate, et cum retentione beneficii, tur. 50, duc. 12, carl. 6.

5'. Relaxatio exilii sive carceris à quinque usque ad decem annos simplex, et cum ab-

solutione simplici à delicto, sive dispensatione, taxatur ad tur. 23, duc. 6.

6°. Et pro assistentiâ, adduntur tur. 6.

7°. Ad quinquennium relaxatio simplex
tur. 12, duc. 3, carl. 6.

8°. Relaxatio suspensionis pro præsbytero
qui morbo caduco laboravit, et proptereà per
ordinarium suspensus fuit, et jam post biennium eo morbo laboravit, tur. 6, duc. 2.

Et mandatur episcopo ut eum celebrare
permittat alio præsbytero assistente.

CAPUT XXXVI.

De Relaxatione juramenti.

1°. Relaxatio juramenti, ad effectum agen-
di, pro unâ personâ, in uno contractu, tur. 7,
duc. 2, carl. 3.

2°. Et cum inhibitione et absolutione infamiæ, tur. 36, duc. 9.

3°. Si sint plures in eodem negotio, pro
quolibet adduntur tur. 3.

4°. Si sint diversi contractus in eodem negotio, inter easdem personas, pro quolibet
contractu, ultrà primum, augentur tur. 3.

5°. Relaxatio juramenti, pro illo qui juravit

in unâ universitate sumere gradum , quem possit sumere in aliâ , tur. 6 , duc. 2.

6°. Relaxatio juramenti quod, absque salutis æternæ interitu servari non potest , puta in malis promissis vel voto, tur. 6 , duc. 2.

7°. Et aliter taxatur episcopus, aliter abbas , vel prælatus generalis.

CAPUT XXXVII.

De Commutatione voti.

1°. COMMUTATIO voti religionis non solemnis, in foro conscientiæ tantùm, tur. 15 , duc. 4.

2°. Consimiliter commutatio voti castitatis non solemnis, in foro conscientiæ tantùm , tur. 15, duc. 4.

3°. Absolutio à transgressione dicti voti religionis, ut valeat remanere in matrimonio , cum adjectâ clausulâ, quod si conjugi supervixerit votum omninò adimplere teneatur, similiter in foro conscientiæ tantum , tur. 15, duc. 4.

4°. Consimilis est absolutio et taxa voti castitatis.

5°. Prorogatio voti sepulchri Dominici, vel

sancti Jacobi in Compostellâ, aut liminum apostolorum Petri et Pauli , propter aliquas causas , tur. 9, duc. 2, carl. 9.

6°. Si verò ad biennium tantùm, tur. 4.

7°. Commutatio voti sepulchri Dominici , tur. 12, duc. 3, carl. 6; et componitur cum datario Papæ.

8°. Commutatio voti sancti Jacobi in Compostellâ, tur. 12, duc. 3, carl. 6; et componitur cum datario Papæ.

9. Commutatio voti alterius cujusque , tur. 6, duc. 2.

10°, Commutatio jejuniorum et aliarum abstinentiarum , vel alicujus habitûs , tur. 6, duc. 2.

11°. Si petatur pro pluribus personis, habentibus connexionem inter se, taxatur pro primo integrè, et pro aliis pro medietate pro quolibet.

Si verò sunt personæ penitùs diversæ , taxatur pro unoquoque integrè.

12°. Si verò petatur pro capitulo, vel conventu, aut collegio insigni, taxatur ad tur. 100, si commutatio sit perpetua.

CAPUT XXXVIII.

De Commutatione orationum.

1°. Commutatio orationum pro militibus religionum, tur. 10, duc. 3, carl. 6.

2°. Commutatio seu reductio divini officii pro patiente defectum visûs, vel propter aliquod aliud impedimentum, tur. 12.

3°. Si verò mutatur de ritu unius Ecclesiæ ad ritum alterum, tur. 9, duc. 2, carl. 9.

4°. Commutatio officii pro conventu vel capitulo, tur. 60, duc. 15.

5°. Et si cum facultate anteponendi vel postponendi, tur. 100, duc. 25.

CAPUT XXXIX.

De Commutatione ultimæ voluntatis.

1°. Taxatur ad tur. 12, duc. 3, carl. 6.

2°. Si petatur potestas transferendi ossa, vel missas, vel ecclesiam, vel similia, adduntur ultrà tur. 6.

CAPUT XL.

De Reductione missarum.

1°. REDUCTIO missarum, propter tenuitatem fructuum, tur. 12, duc. 3, carl. 6.

2°. Et cum assistentiâ, tur. 18, duc. 5.

3°. Si petatur à rectore, pro se et successoribus, cum assistentiâ, tur. 30, duc. 7, carl. 6.

4°. Si petatur à collegio, vel capitulo, aut universitate, tur. 40, duc. 10..

5°. Si cum commutatione ultimæ voluntatis testatoris, taxæ reductionis adduntur tur. 6.

CAPUT XLI.

De Confirmatione.

1°. CONFIRMATIO concordiæ, pro privatis personis, licitæ tamen, et juxtà canonicas sanctiones factæ, tur. 12, duc. 3, carl. 6.

2°. Si pro confraternitate, vel universitate, vel monasterio, tur. 24, duc. 6.

3°. Confirmatio concordiæ super rebus ecclesiasticis, si fiat in formâ *si in evidentem,* taxatur juxtà valorem.

Si verò non fiat in formâ *si in evidentem*, tur. 12, duc. 3, carl. 6.

4°. Confirmatio alienationis rerum ecclesiasticarum, taxatur juxtà formam *si in evidentem*.

5°. Confirmatio statutorum super certo numero beneficiorum seu beneficiatorum, cum vel sine assistentiâ, tur. 40, duc 10.

6°. Confirmatio statutorum pro ecclesiâ cathedrali, tur. 80, duc. 20.

7°. Si pro collegiatâ, tur. 60, duc. 15.

8°. Si petatur confirmatio unius statuti tantùm expressi, si sit alicujus momenti, et ecclesiæ cathedralis, tur. 40, duc. 10.

9°. Si verò non videtur magni momenti, taxatur ex arbitrio officialium.

10°. Confirmationes erectionum, vel reservationum juris patronatûs, taxantur prout ipsæ erectiones vel reservationes, et sic de similibus.

11°. Confirmatio unionis perpetuæ, factæ per ordinarium, ex causâ in quâ à jure permittitur, tur. 50.

CAPUT XLII.

De Beneficiis juris pro pauperibus.

1°. ALTERNATIVUM beneficium, vel cessionis bonorum, vel termini quinquennalis, ad electionem majoris partis, tur. 5, duc. 1, carl. 6.

2°. Si cum derogatione statuti induentis certam formam reddendi, tur. 8, duc. 2, carl. 6.

3°. Capitulum *Odoardus*, pro clerico, tur. 5, duc 1, carl. 6.

4°. Si cum dispensatione ab irregularitate, tur. 9, duc. 2, carl. 9.

5°. Si cum absolutione à censuris, tur. 6, duc 1, carl. 9.

6°. Capitulum *Pervenit*, pro clerico et beneficiato, tur. 6, duc. 1, carl. 9.

7°. Si pro Episcopo, duplicatur taxa.

CAPUT XLIII.

De Declaratoriis.

1°. DECLARATORIA juris, sive religionis, sive homicidii, sive alterius cujuscumque, taxantur ad tur. 6, duc. 2, carl. 1.

2º. Exceptis matrimonialibus, quæ taxantur
tur. 7 , duc. 2, carl. 1.

CAPUT XLIV.

Perindè valere.

1º. Pro eo qui perdidit litteras testimoniales
aliquorum ordinum , tur. 6, duc. 2.

2º. Pro eo qui omisit in litteris aliquid nar-
rare , quod si narrasset , illas nihilominùs ob-
tinuisset, nec aliquid in taxâ alternasset, tur. 6,
duc. 2.

Si verò id quod est omissum non tam facilè
fuisset concessum , non tamen alterasset taxam,
taxa est tur. 6, duc. 2.

3º. Si in plus, taxabitur ultrà tur. 6, ad
totum illud plus in quo prior taxa alterata
fuisset.

CAPUT XLV.

De Licentiis et Indultis.

1º. Licentia transferendi parochialem ecclesiam , vel collegiatam , cum omnibus suis
juribus, in monasterium , tur. 24 , duc. 8.

2º. Et si cum Profanatione prioris loci, tur. 40,
duc. 10.

5°. Licentia erigendi fontes baptismales, tur. 24, duc. 6.

4°. Licentia erigendi collegiatam, vel commutandi parochialem, tur. 100.

5°. Licentia erigendi parochialem ecclesiam, vel fontes baptismales, vel monasterium, tur. 24.

6°. Licentia erigendi seu transferendi cæmiterium, vel oratorium, vel capellam, tur. 12, duc. 3.

7°. Cum profanatione prioris loci, tur. 24, duc. 6.

Et si petatur ad instantiam universitatis, duplicatur taxa.

8°. Licentia transferendi reliquias, de loco in locum, de consensu quorum interest, non tamen ab urbe, tur. 9, duc. 2, carl. 9.

9°. Licentia pro annexâ spirituali, dependente à parochiali ecclesiâ, ut in illâ missæ et alia officia divina celebrari possint in perpetuum, et corpora defunctorum sepeliri, et sacramentum Eucharistiæ administrari, dempto festo Paschali, tur. 40, duc. 10.

10°. Si verò et ut fontes baptismales inibi erigantur, tur. 50, duc. 12, carl. 6.

11°. Licentia celebrandi in capellâ non consecratâ, tur. 12, duc. 3, carl. 6.

12°. Etiam cum licentiâ transferendi vel

erigendi unam capellam , tur. 18 , duc 4 , carl. 6.

13°. Reservatio juris patronatûs , pro se et hæredibus , tur. 40 , duc. 10.

CAPUT XLVI.

Sequuntur Licentiæ.

— Licentia erigendi confraternitatem , cum confessionali, pro utriusque sexûs confratribus , altari portatili , et licentiâ in locis interdictis sepeliendi, et Eucharistiæ sacramentum recipiendi , festo Paschali excepto , tur. 120 , duc. 30.

CAPUT XLVII.

Sequuntur Licentiæ.

1°. Mutatio dedicationis , seu invocationis sancti , tur. 12 , duc. 3 , carl. 6.

2°. Licentia celebrandi ubique, tur. 9.

3°. Licentia celebrandi bis in die , ad vitam unius tantùm , tur. 12 , duc. 3 , carl. 6.

4°. Si ad petitionem collegii , vel capituli, aut universitatis , sive congregationis præsbyterorum secularium , tur. 100, duc. 25.

5°. Licentia pro consulibus unius urbis ,

tempore interdicti, quod possint in eorum capellâ facere celebrari divina officia, et inibi sepeliri, cum clausulis consuetis, tur. 100.

6°. Altare portatile, tur. 8, duc. 2, carl. 6.

7°. Si pro viro et uxore, tur. 9, duc. 2, carl. 9.

8°. Si etiam pro liberis, pro quolibet personâ augetur taxa tur. 4.

9°. Licentia celebrandi ante diem, taxatur ad tur. 9, duc. 3, carl. 6.

10°. Licentia publicandi indulgentias cardinalium, absque ordinarii licentiâ, tur 6, duc. 2.

11°. Licentia recitandi horas canonicas, secundum ritum alterius diocæsis quam suæ, tur. 6, duc. 2.

12°. Secundum usum romanæ ecclesiæ, tur. 6, duc. 2.

13°. Eadem licentia pro regulari, tur. 9, duc. 2, carl. 9.

14°. Licentia anteponendi et postponendi horas canonicas, tur. 9, duc. 2, carl. 9.

15°. Et si petatur simul etiam secundum usum romanæ ecclesiæ, vel alterius, tur. 12, duc. 3, carl. 6.

16°. Et si licentia anteponendi et postponendi tantùm petatur pro conventu vel capitulo, tur. 60, duc. 15.

CAPUT XLVIII.

Sequuntur Licentiæ.

1°. Licentia testandi et disponendi de bonis, pro clerico seculari, tur. 12, duc. 3, carl. 6.

2°. Pro regulari, dummodò non de acquisitis ex bonis monasterii, tur. 24, duc. 6.

3°. Pro episcopo titulari, tur. 36, duc. 9.

4°. Pro alio episcopo, tur. 50, duc. 12.

5°. Pro abbate vel commendatorio, totidem.

6°. Pro priore, tur. 36, duc. 9.

7°. Pro protonotario apostolico, tur. 18, duc. 5.

CAPUT XLIX.

Sequuntur Licentiæ.

1°. Licentia eligendi confessorem in formâ, pro unâ personâ tantum, tur. 6, duc. 2.

2°. Pro viro et uxore, tur. 7, duc. 2, carl. 3.

3°. Pro liberis et aliis conjunctis, pro quâlibet personâ augetur taxa tur. 4.

4°. Pro confraternitate, capitulo, vel universitate in perpetuum, taxa est arbitraria, et habenda est ratio qualitatis illorum.

5°. Pro regulari, de licentiâ sui superioris, tur. 6, duc. 2.

6°. Sine licentiâ superioris, tur. 12, duc. 3, carl. 6.

7°. Ut possit stare extrà, adduntur tur. 6.

CAPUT L.

Sequuntur Licentiæ.

1°. LICENTIA utendi lactinis, temporibus prohibitis, pro unâ personâ tantùm, tur. 6, duc. 2.

2°. Pro totâ familiâ, tur. 12, duc. 2, carl. 6.

3°. Pro pluribus conjunctis, tur. 12, duc. 2, carl. 6.

4°. Pro capitulo, collegio, congregatione, vel universitate in perpetuum, taxa est arbitraria.

5°. Pro oppido et illius districtu, etiam pro clericis, fratribus, et monialibus cujuscumque ordinis, tur. 200, duc. 50.

Habenda est tamen ratio oppidorum.

6°. Si pro communitate, ratione loci frigidi, et ob penuriam piscium et olei olivarum, quæquidem communitas talibus lactinis

uti consuevit, à juvenili tempore, tur. 100,
duc. 25.

7°. Licentia percipiendi fructus in absentiâ,
residendo in altero beneficiorum, vel in roma-
nâ curiâ, vel studendo in loco ubi studium
viget generale, tur. 9, duc. 2, carl. 9.

8°. Licentia transferendi ossa unius cada-
veris, tur. 6, duc. 2.

9°. Si verò plurimorum cadaverum ejusdem
familiæ, pro quolibet taxatur.

10°. Licentia visitandi per alium, in archi-
diaconatu, tur. 36, duc. 9.

11°. Derogatio fondationis alicujus beneficii, in quâ cavetur quod nullus possit obtinere beneficium, nisi sit actu præsbyter, vel
quod illud obtinens non possit obtinere aliud,
tur. 12, duc. 3, carl. 6.

12°. Licentia deferendi corpus Christi, si
semel tantùm in anno, tur 12, duc. 3, carl. 6.

Si bis, tur. 20, duc. 5, carl. 3.

Si ter, tur. 30, duc. 7, carl. 6.

Si quater, tur. 40, duc. 10, carl. 7.

Si quinquies, tur. 50, duc. 12, carl. 6.

Si sexies, tur. 60, duc. 15, carl. 7.

Et sic, ulteriùs, pro qualibet vice, addendo
decem.

CAPUT LI.

Sequuntur Licentiæ.

1°. Licentia deferendi merces, semel vel pluries, ad partes infidelium, vel aliàs exercendi mercaturam, etiam locorum ordinariorum et quorumcumque dominorum temporalium, etiam regum, imperatoris, seu quorumvis aliorum, licentiâ minimè requisitâ, cum derogationibus amplissimis, tur. 24, duc. 6.

2°. Licentia portandi frumentum ad partes infidelium, videlicet per totam barbariem, usque ad tria millia grossarum, juxtà tenorem privilegii et litterarum apostolicarum, tur. 50, duc. 12, carl. 6.

CAPUT LII.

Sequuntur Licentiæ.

1°. Licentia pro vicario quod in absentiâ episcopi possit quæcumque ornamenta ecclesiastica, citrà tamen corporale, calices et patenas, benedicere, tur. 50, duc. 12, carl. 6.

2°. Pro abbate , pro usu tamen sui monasterii , ad ejus vitam , tur. 40 , duc. 10.

3°. In perpetuum verò taxatur , tur. 200 , duc. 50.

4°. Licentia medendi , tam pro clerico seculari quam regulari, tur. 30 , duc. 7 , carl. 6.

5°. Si cum absolutione de præterito , tur. 36, duc. 9.

6°. Si pro episcopo, tur. 50, duc. 12, carl. 6.

7°. Licentia pro præsbytero quod possit studere medicinæ et mederi , cum absolutione de præterito , si artem hujusmodi exercendo in aliquo excessit , tur. 40 , duc. 10.

8°. Licentia audiendi leges , pro clerico seculari , tur. 9 , duc. 2 , carl. 9.

9°. Pro regulari in conventu , tur. 12 , duc. 3 , carl. 6.

10°. Extrà conventum , tur. 12 , duc. 3 , carl. 6.

11°. Si sine licentiâ superioris , extrà conventum , ad septennium , tur. 18 , duc. 4 , carl. 9.

12°. Si cum facultate deserviendi beneficio ecclesiastico et prædicandi , tur 21 , duc. 6 , carl. 6.

13°. Licentia procurandi vel advocandi , pro clerico seculari , tur. 30 , duc. 7 , carl. 6.

14°. Si cum absolutione de præterito, tur. 36, duc. 9.

15°. Licentia exercendi officium judicis secularis, in civilibus tantùm, tur. 24, duc. 6.

16°. Si verò etiam in criminalibus, cum limitationibus consuetis, tur. 37,

17°. Licentia exercendi officium notariatûs, tur. 12, duc. 3, carl. 6.

18°. Licentia mutandi nomen proprium, tur. 9, duc. 2, carl. 9.

19°. Licentia mutandi cognomen, vel signum, tur. 6, duc. 2.

CAPUT LIII.

Sequuntur Licentiæ.

1°. LICENTIA reconciliandi ecclesiam, seu cæmiterium, tur. 12, duc. 3, carl. 6.

2°. Licentia obtinendi canonicatum in cathedrali, pro constituto in duodecimo ætatis anno, non obstantibus regulis in contrarium editis, tur. 12, duc. 3, carl. 6.

3°. Pro constituto in tredecimo, tur. 6, duc. 2.

4°. Licentia celebrandi inter græcos græcè, et inter latinos latinè, tur. 9, duc. 2, carl. 9.

5°. Licentia visitandi sepulchrum Dominicum, tur. 4, duc. 1, carl. 6.

6°. Pro episcopo non promovendo, nec suscipiendo munus consecrationis ad annum, tur. 30, duc. 7, carl. 6.

7°. De non promovendo ad septennium, tur. 9, duc. 2, carl. 9.

8°. Licentia celebrandi, capite cooperto, tur. 12, duc. 3, carl. 6.

9°. Si pro episcopo, vel abbate, tur. 24, duc. 6.

10°. Licentia de non residendo, pro episcopo titulari, tur. 18, duc. 4, carl. 9.

11°. Licentia obtinendi duo beneficia dissimilia, sub uno et eodem tecto, tur. 12, duc. 3, carl. 6.

12°. Licentia quod episcopus titularis non teneatur visitare limina apostolorum Petri et Pauli, propter locorum distantiam, et non perpetuò, tur. 24, duc. 6.

13°. Si perpetuò, tur. 50, duc. 12, carl. 6.

14°. Licentia pro spurio, quod possit recipere à patre laico, vel clerico seculari, usque ad ducentorum ducatorum, ex legato, vel donatione, tur. 12, duc. 3, carl. 6.

15°. Idem à patre regulari, habente aliàs facultatem disponendi ; à patre verò regulari non habente disponendi facultatem , tur. 24 , duc. 6.

16°. Licentia piscandi, Dominicis vel aliis festis diebus, pro redemptione captivorum, ad quinquennium , tur. 12 , duc. 3 , carl. 6.

17°. Si pro conventu , confraternitate , vel communitate , tur. 50 , duc. 10 , carl. 6.

18°. Licentia pro capitulo cathedralis ecclesiæ , quod possit aliquas pecunias , pro reparatione et manutentione civitatis contribuere , tur. 24. , duc. 6.

CAPUT LIV.

Sequuntur Licentiæ.

1°. LICENTIA adoptandi , ut possit in omnibus succedere , sine tamen prejudicio cognatorum , tur. 12, duc. 3 , carl. 6.

2°. Licentia vescendi carnibus à sarracenis interfectis, pro quodam domino temporali et suâ familiâ , tur. 30 , duc. 7 , carl. 6.

3°. Licentia pro muliere honestâ , cùm tribus vel quatuor matronis , ingredi monasterium monialium quater in anno, in solitâ formâ, tur. 12 , duc. 3 , carl. 6.

4°. Licentia quod pater possit filiam introdu-

cere in monasterium , ut bonis imbuatur mo-
ribus , tur. 12 , duc. 3 , carl. 6.

5°. Licentia recipiendi habitum militiæ
Jesu-Christi , vel alterius , tur. 30 , duc 7 ,
carl. 6.

6°. Licentia recipiendi habitum tertii ordinis
sancti Francisci , de pœnitentiâ nuncupati , à
quocumque antistite seu personâ in dignitate
ecclesiasticâ constitutâ, pro conjugato, tur. 10,
duc. 3 , carl. 3.

7°. Licentia recipiendi habitum militiæ
sancti Jacobi de Spatâ , à quocumque prælato,
tur. 60 , duc. 15.

8°. Et pro muliere etiam sancti Jacobi ,
tur. 40 , duc. 10.

9°. Indultum quod miles sancti Jacobi possit
matrimonium contrahere cum viduâ , quod
per statuta militiæ prohibitum, tur. 12, duc. 3,
carl. 6.

10°. Licentia pro religioso , ut possit esse
confessor monialium , etiam alterius ordinis ,
tur. 15 , duc. 4.

11°. Licentia prædicandi, pro prædicatore
egregio , tur. 36 , duc. 9.

12°. Et ut concioni ejus interessentes certas
dies indulgentiarum consequantur , tur. 40 ,
duc. 10.

13°. Licentia doctorandi, pro clerico regulari vel seculari, tur. 12, duc. 3, carl. 6, si cum licentiâ superioris ipsius.

14°. Seu minùs, tur. 18, duc. 4, carl. 9.

15°. Licentia pro abbatissâ visitandi domos et terras monasterii sui, unà cum tribus aut quatuor monialibus, tur. 24, duc. 6.

16°. Licentia pro fratre òrdinis minorum de observantiâ, quod possit habere procuratorem qui pecunias quas ipse suâ industriâ acquisivit exigère et recipere, ac in unius ipsius fratris filium convertere possit, tur. 12, duc. 3, carl. 6.

17°. Licentia utendi camisiis lineis, et dormiendi in linteaminibus, pro regulari, tur. 10, duc. 3, carl. 6.

18°. Licentia pro moniali, quod non possit reduci ad strictiorem ordinem quam professa fuit, tur, 12, duc. 3, carl. 6.

19°. Licentia pro toto monasterio, petente reduci ad strictiorem observantiam quam professi fuerint, non mutando superiorem, tur. 40, duc. 10.

20°. Licentia transferendi de ordine ad ordinem parem, tur. 15, duc. 4.

Si ad arctiorem, tur. 12, duc. 3, carl. 6.

21°. Si totum monasterium petit transferri

ad alium ordinem , tur. 5o, duc. 12, carl. 6.

22°. Si de ordine ad ordinem longiorem ,
tur. 24 , duc 6.

23°. De monasterio ad monasterium ejusdem
ordinis, professionis , habitûs , et observantiæ
regularis ejusdem provinciæ , tur. 4 , duc. 1 ,
carl. 6.

24°. Si cum usufructu, dote , et supellec-
tilibus , adduntur tur. 6.

25°. Licentia ducendi vitam eremiticam ,
tur. 12 , duc. 3 , carl. 6.

26°. Absolutio ab apostasiâ , pro vagabondo
volente redire ad ovile, tur. 12, duc. 3, carl. 6.

27°. Licentia deferendi habitum subtùs ,
tur. 12 , duc. 3 , carl. 6.

CAPUT LV.

De Marraniâ.

1°. MARRANIA in amplissimâ formâ componitur , pro clerico , tur. 6o , duc. 15.

Pro laico , tur. 4o , duc. 10.

In utroque casu , componendum est cum
datario Papæ , nisi sedes vacet , tunc dantur
pro clerico tur. 8o, et pro laico , tur. 6o.

2°. Verùm quandò non datur in amplâ

formâ, sed ad exercendum aliquod officium
undè vivat, cujus ipse perititiam habet, vel
pro præsbytero ad effectum celebrandi, tur. 12,
duc. 3, carl. 6.

3°. Nisi sit ad effectum advocandi vel medendi, tunc taxatur ad tur. 24.

CAPUT LVI.

Et rursùs de corpore vitiatis.

1°. Quod ille qui perdidit oculum, non
totum culpâ suâ, possit recipere et retinere canonicatum, et præbendam cujusdam ecclesiæ,
taxatur ad carl. 16.

2°. Quod mutilatus tribus digitis, ex culpâ
suâ, possit recipere et retinere ordines minores
et in eis ministrare, ac beneficium sine curâ
retinere, ad carl. 5o. — Alias 35.

3°. Quod ille qui amisit oculum, ex causâ
infirmitatis, possit ad omnes sacros ordines promoveri, carl. 6.

4°. Quod, non obstante defectu oculi, possit ad episcopatum promoveri, carl. 10.

5°. Quod ille qui amputavit sibi duosdigitos, ex simplicitate, possit ad sacros ordines promoveri, carl. 15.

6°. Dispensatio pro præsbytero qui abscidit suos testiculos, carl. 16.

CAPUT LVII.

De Absolutionibus.

1°. ABSOLUTIO generalis, in libro Joannis XXII, taxatur ad carl. 16.

2°. Et pro quâlibet aliâ personâ, quæ in litteris cumulatur, adduntur carl. 2.

3°. Absolutio in mortis articulo, et vitâ similiter, pro unâ personâ, taxatur ad carl. 25.

4°. Absolutio, in mortis articulo, pro confraternitate, taxatur ad carl. 50.

5°. Absolutio, in mortis articulo, pro omnibus contribuentibus ad refectionem monasterii, vel alicujus loci destructi, taxatur ad carl. 40.

6°. Absolutio pro rege qui ivit ad sanctum sepulchrum, sine licentiâ, cum suis familiaribus, taxatur ad carl. 100.

7°. Et si comprehendat universitatem, castrum, vel civitatem, aut aliam communitatem insignem, addantur carl. 200.

CAPUT LVIII.

Et rursùs de Absolutionibus.

1°. Littera absolutionis pro eo qui commisit homicidium vel mutilationem, quod possit retinere obtenta, et alia conferenda recipere, taxatur ad carl. 35.

2°. Pro solâ verò absolutione, absque dispensatione, taxatur ad carl. 11.

3°. Bulla absolutionis pro illo qui interfuit bellicis actibus, et pro illo qui interfuit capturæ malefactorum, justitiâ mediante, postmodum morti traditorum, taxatur ad carl. 3o.

4°. Absolutio pro clerico ultramontano, qui suscepit ordines in partibus citràmontanis, taxatur ad carl. 17.

5°. Absolutio pro eo qui matrem, sororem aut aliam consanguineam, vel affinem suam, aut commatrem carnaliter cognovit, taxatur ad carl. 5.

6°. Absolutio pro eo qui virginem defloravit, taxatur ad carl. 6.

7°. Absolutio pro canonico, qui prælatum indignum elegit, taxatur ad carl. 7.

8°. Absolutio pro præsbytero, qui bona

ecclesiæ quæ habuit non restituit, licet facta sit contrà talis quædam monitio generalis, taxatur ad carl. 7.

9°. Ab solutio pro illoqui revelav it confessionem alterius, taxatur ad carl. 7.

10°. Absolutio pro eo qui interfecit patrem, matrem, fratrem, sororem, uxorem, aut alium consanguineum, scilicet laicum, taxatur ad carl. 8.

Si esset aliquis eorum clericus, teneretur interfector visitare sedem apostolicam.

11°. Absolutio pro viro et uxore, qui invenerunt juxtà se puerum oppressum, pro quolibet ipsorum, taxatur ad carl. 6.

12°. Absolutio pro marito, qui uxorem suam percussit, de quâ peperit abortivum, et ante tempus, taxatur ad carl. 8.

13°. Pro mortuo excommunicato, pro quo supplicant consanguinei, littera absolutionis venit ad duc. 1 , carl. 9.

. 14°. Pro muliere quæ fuit inventa suspensa, sive pro viro, ut possit ecclesiasticæ tradi sepulturæ, taxatur ad duc. 1 , carl. 9.

CAPUT LIX.

Jus mercandi in Ecclesiâ.

— LICENTIA erigendi apothecas, in porticu ecclesiæ, taxatur ad tur. 12, duc. 3, carl. 6.

CAPUT LX.

De Exemptionibus.

1°. QUOD fratres minores cujusdam domûs sint exempti à jurisdictione provincialis, taxatur ad carl. 30.

2°. Eximantur abbas, et conventus, ac monasterium, cum suis membris, à jurisdictione episcopi, taxatur ad carl. 50.

3°. Exemptio monasterii monialium, cum hoc quod solvat ecclesiæ romanæ unam libram ceræ, taxatur ad carl. 30.

4°. Exemptio episcopi, quoad vixerit, à jurisdictione archiepiscopi, taxatur ad carl. 30.

5°. Exemptio rectoris alicujus ecclesiæ, ab ordinario suo, durante lite cum eo, taxatur ad carl. 20.

6°. Exemptio unius personæ à solutione quarumcumque impositionum, taxatur ad carl. 30.

CAPUT LXI.

Et rursùs de Indultis.

1°. Concessio facta duobus permutantibus, ut hinc indè habeant regressum ad sua beneficia, taxatur ad carl. 24.

2°. Invocatio brachii secularis taxatur ad carl. 16.

3°. Concessio facta scabinis et consulibus unius castri, qui uti consueverant cerâ viridi pro sigillo, quòd utantur cerâ rubeâ, taxatur ad carl. 50.

4°. Quòd laicus possit, cum duobus famulis, visitare sepulchrum Dominicum, taxatur ad carl. 16.

5°. Et pro quâlibet aliâ personâ, additur carl. 1.

6°. Quòd absolvatur communitas certis malè ablatis, taxatur ad carl. 100.

7°. Remissio facta uni diviti de malè ablatis taxatur ad carl. 50.

Pauperi verò ad carl. 20.

8°. Quòd ducissa et ejus familia, propter participationem cum subditis mariti sùi, qui adhærent antipapæ, nullas incurrat censuras, taxatur ad carl. 20.

9°. Quòd laicus non teneatur jejunarc, diebus quibus per Ecclesiam adstrictus existit, et quòd possit uti caseo, taxatur ad carl. 20.

10°. Quòd quidem comes, propter infirmitatem, diebus vetitis possit vesci carnibus et ovis, taxatur ad carl. 12.

11°. Et pro familiaribus sibi servientibus, addatur pro quolibet carl. 1.

12°. Quòd quis possit comedere carnes, tempore prohibito, taxatur ad carl. 16.

13°. Quod laici possint solemnisare matrimonium, tempore jure prohibito, taxatur ad carl. 20.

14°. Quod moniales gaudeant privilegiis, ad instar aliorum, taxantur ad carl. 60.

15°. Quòd eremitæ non teneantur solvere decimam de terris, quas colunt manibus propriis, taxantur ad carl. 20.

CAPUT LXII ET ULTIMUM.

De Indulgentiis.

1°. INDULGENTIA unius anni, pro hospitali vel capellâ, taxatur ad carl. 16.

2°. Indulgentia duorum annorum, ad carl. 20.

3°. Indulgentia trium annorum, ad carl. 24.

4°. Indulgentia quatuor annorum, ad carl. 30.

5°. Indulgentia quinque annorum, ad carl. 40.

6°. Indulgentia septem annorum, ad carl. 50.

7°. Indulgentia, quando pulsatur pro *Ave Maria*, dicendo Salutationem angelicam, unius anni et quindecim dierum, taxatur ad carl. 12.

8°. Indulgentia tertiæ partis peccatorum taxatur ad carl. 100.

—Et nota diligenter, quod hujusmodi gratiæ et dispensationes non conceduntur pauperibus, *quià non sunt*, ideo non possunt consolari.....

FINIS.

TABLE DES MATIÈRES.

FIN DE LA TABLE DES MATIÈRES.

De l'Imprimerie de FEUGUERAY, rue du cloître Saint-Benoît, n° 4.

du Monde; suivie d'un Tableau chronologique de tous les Ordres éteints ; par A M. Perrot. Un vol. in-4°, orné de 40 planches gravées en taille-douce et coloriées avec le plus grand soin, représentant les plaques, croix, médailles, rubans, et généralement toutes les marques distinctives des Ordres anciens et nouveaux, au nombre de plus de 500

Prix, broché. . . . . 36 fr.

—— Papier vélin, cartonné par Bradel. 72

Cet ouvrage, le plus exact et le plus complet de tous ceux du même genre qui ont paru jusqu'à ce jour, donne tous les changemens survenus dans les statuts, l'organisation et les décorations des différens Ordres, changemens nécessités par les derniers événemens politiques ; de plus, toutes les médailles et marques distinctives créées par les souverains en faveur des actions d'éclat, soit dans le militaire, soit dans le civil. On publiera à la fin de chaque année un petit cahier supplémentaire qui contiendra tous les changemens dans les statuts et décorations, et les nouveaux Ordres créés dans l'année.

ALMANACH NATIONAL pour 1820, présentant, pour chaque jour de l'année, la naissance d'un Français célèbre soit dans les sciences, les arts, la littérature, les armes, etc., etc., etc., avec cette épigraphe :

La France est le seul pays du Monde qui puisse s'honorer d'avoir produit chaque jour de l'année un personnage célèbre.

Cet Almanach de Cabinet, fruit de longues et minutieuses recherches, joint au mérite du sujet celui de l'exécution ; il est orné des portraits en buste de douze personnages illustres, tels que Charlemagne, Bayard, Jeanne d'Arc, Molière, Fénélon, Lapeyrouse, Kléber, etc., etc., gravés avec le plus grand soin.

Prix des deux feuilles imprimées sur carré vé-
lin. 1 fr. 50 c.
—— Collées sur carton. 2   25
—— *Idem*, avec une bordure élégante. 2   50

OEuvres complètes de J.-J. Rousseau, nouvelle et
belle édition ; 20 gros vol. in-18, imprimés avec
soin par M. Crapelet, ornés de 20 jolies gravures
d'après Moreau, brochés.   60 fr.

OEuvres complètes de J. Racine, avec le commen-
taire de Geoffroy, dans lequel se trouvent rapportés
celui de Luneau de Boisgermain, et les observations de Louis Racine, 7 vol. in-8°. avec 15 gravures, dont 7 refaites à neuf sur de nouveaux des-
sins, 7 culs-de-lampes et un *Fac simile* de l'É-
criture de Racine.   60 fr.

Encyclopédie (Nouvelle) *Poétique*, ou Choix de
Poésies dans tous les genres, par une société de
gens de lettres, ouvrage mis en ordre et publié par
P. Capelle : Paris, 1819 ; 18 vol. in-18, brochés,   45 fr.

Guide (le) *de la Conversation anglaise*, à l'usage des
Français, suivi de la prononciation, par J. L. Ma-
bire ; troisième édit. ; 1 vol. in-16, br. 2 fr. 50 c.

Guide (le) *de la Conversation française*, à l'usage des
Anglais ; troisième édition, 1 vol. in-16, br. 2 fr.

Tibère, tragédie en cinq actes, par Marie-Joseph
Chénier, in-8°, br.   2 fr. 50 c.

Charles de Navarre, tragédie nouvelle en cinq actes,
par M. Brifaut. 1820, in-8°, br.   2 fr. 50 c.

Trois (les) *Voyageurs*, Essais philosophiques, par
Lemoine ; 1820 ; 2 vol. in-8°, br.   9 fr.

Gabriel Venance, histoire écrite par lui-même et
publiée par Saint-Hyppolite. 2 vol. in-12, avec portraits.   5 fr.

Choix de Contes et Nouvelles, dédiés aux femmes,
par Aug. Lafontaine. Traduction libre de Madame
Voyart. 2 vol. in-12 avec 2 figures.   5 fr.

Les Femmes, roman nouveau par Madame Elisabeth
De Bon, 3 vol. in-12.   7 fr. 50 c.

Les Missionnaires, ou *la Famille Duplessis ;* par
M. de Rougemont, 2 vol. in-12, fig.   5 fr.

On trouve chez les mêmes Libraires.

Annales des Lagides, ou Chronologie des Rois grecs
d'Egypte, successeurs d'Alexandre-le-Grand, par
M. Champollion-Figeac; Paris, 1819, 2 vol. in-8°,
brochés.   15 fr.

Art (l') *Epistolaire*, ou Dialogue sur la manière de
bien écrire les lettres, par Jauffret, 3 vol. in-18,
brochés.   4 fr. 50 c.

Astronomie théorique et pratique, par Delambre;
Paris, 1814; 3 vol. in-4°, grand papier vélin,
cartonnés par Bradel.   100 fr.

Biographie des Jeunes-Gens, ou Vie des Grands
Hommes qui, par leurs vertus, sont dignes d'être
proposés pour modèles à la jeunesse; par Alphonse
Beauchamp; 4 vol. in-12, ornés de figures donnant les portraits de 70 personnages illustres, broché.   12 fr.

Corine, ou l'Italie, par Madame de Staël ; Paris, 3 vol. in-12, br.   9 fr.

Cours de Littérature, d'Histoire et de Philosophie, extraits de nos meilleurs auteurs, par Levisac et Moysant ; Paris, 1814, 2 vol. in-8°, broch.   12 fr.

Cours de Littérature ancienne et moderne, à l'usage des jeunes demoiselles, par madame de Beaufort-d'Hautpoul ; Paris, 1815, 1 vol. in-12, br.   3 fr.

Delphine, ou l'Opinion, par madame de Staël ; Paris, 6 vol. in-12, br.   15 fr.

Dictionnaire (petit) *de l'Académie française,* ou Abrégé de la cinquième édition du Dictionnaire de l'Académie, publiée par J. R. Masson ; Paris, 1817, 2 vol. in-16, brochés.   6 fr.

Dictionnaire des Synonymes, par Girard, Beauzée et Roubeaud ; Paris, 2 gros vol. in-12 broché.   6 fr.

Dictionnaire Allemand-Français et Français-Allemand des deux nations, in-4°, 2 vol., br.   27 fr.

Dictionnaire Français-Anglais et Anglais-Français, par Boyer, Chambaud, Garner, etc. ; nouvelle édition ; Paris, 1817, 2 gros vol. in-4°, br.   42 fr.
— Le même, abrégé, revu et corrigé par Fain ; Paris, 1817, 2 gros vol. in-8°, br.   18 fr.

Dictionnaire (nouveau) *Géographique,* ou Description de toutes les parties du Monde, par Vosgien ; nouvelle et dernière édition, entièrement revue et corrigée par Hocquart ; Paris, *Saintin*, 1819, 1 gros vol. in-8°, orné de cartes et tableaux, br.   9 fr.

Dictionnaire universel, historique, critique et bi-

bliographique des Grands Hommes de toutes les nations, par une société de savans, neuvième édition; Paris, 20 vol. in-8°, ornés de 1200 portraits, brochés.   120 fr.

Dictionnaire historique d'Education; nouvelle édition, revue et augmentée, par Fillassier; Paris, 1818, 3 vol. in-8°, br.   18 fr.

Entretiens sur la Pluralité des Mondes, par Fontenelles; Paris, 1811; jolie édition, 1 vol. in-12, figures, broché.   2 fr. 50 c.

Etrennes à mon Fils, ou simples Contes à l'usage de la jeunesse, de M. Opie, traduit de l'anglais par madame Elisabeth de Bon; 2 vol. in-12, ornés de jolies gravures, brochés.   5 fr.

Etrennes à ma Fille, ou Soirées amusantes de la jeunesse, par madame Dufrénoy; deuxième édition, 2 vol. in-12, ornés de jolies gravures, broc.   6 fr.

Fables d'Esope, avec 123 figures d'après Barlow, collection de gravures piquantes pour l'amusement de la jeunesse, 2 vol. in-8. oblong, brochés. 5 fr.

OEuvres d'Homère, traduites par Bitaubé; Paris, 1819; 4 vol. in-12, fig., brochés.   12 fr.
— Les mêmes; 4 vol. in-8°, fig. brochés.   24 fr.

OEuvres d'Homère, traduction du prince Lebrun; Paris, 1819; 4 vol. in-12, portrait, br.   12 fr.

Tableau des Révolutions de l'Europe, depuis le bouleversement de l'empire romain en Occident jusqu'à nos jours, par Koch; Paris, 1814; 4 vol. in-8°, ornés de cartes et tableaux, br.   32 fr.